ㄒ尺凡几乙ㄥ凡ㄒと

Translated Language Learning

Les Journaux d'Adam et Ève

The Diaries of Adam and Eve
Mark Twain

Française / English

Published by Tranzlaty
Les Journaux d'Adam et Ève
The Diaries of Adam and Eve
ISBN: 978-1-83566-180-2
Original texts by Mark Twain:
Extracts from Adam's Diary: Translated from the Original MS
First published in The Niagara Book 1893
Eve's Diary
First published in Harper's Bazaar 1905
Illustrated by Lester Ralph
www.tranzlaty.com

- Extraits du Journal d'Adam -
- Extracts from Adam's Diary –

J'avais traduit une partie de ce journal il y a quelques années
I had translated a portion of this diary some years ago

Un de mes amis a imprimé quelques exemplaires du texte
a friend of mine printed a few copies of the text

le texte était sous une forme incomplète
the text was in an incomplete form

Mais le public n'a jamais pu voir ces textes
but the public never got to see those texts

Depuis lors, j'ai déchiffré quelques autres hiéroglyphes d'Adam
Since then I have deciphered some more of Adam's hieroglyphics

il est maintenant devenu suffisamment important en tant que personnage public
he has now become sufficiently important as a public character

et je pense que cette publication peut maintenant être justifiée
and I think this publication can now be justified

Mark Twain

LUNDI - MONDAY

Cette nouvelle créature aux cheveux longs est constamment sur le chemin
This new creature with the long hair is constantly in the way

Il traîne toujours et me suit
It is always hanging around and following me about

Je n'aime pas ça
I don't like this

Je n'ai pas l'habitude de la compagnie
I am not used to company

J'aimerais qu'il reste avec les autres animaux
I wish it would stay with the other animals

Nuageux aujourd'hui, vent à l'est
Cloudy to-day, wind in the east

Je pense que nous aurons de la pluie
I think we shall have rain

Où ai-je trouvé ce mot?
Where did I get that word?
Je me souviens maintenant
I remember now
La nouvelle créature utilise ce mot
the new creature uses that word

MARDI - TUESDAY
J'ai examiné la grande cascade
I've been examining the great waterfall
la grande cascade est la plus belle chose sur le domaine, je pense
the great waterfall is the finest thing on the estate, I think
La nouvelle créature l'appelle Niagara Falls
The new creature calls it Niagara Falls
pourquoi l'appelle-t-il Niagara Falls?
why does it call it Niagara falls?
Je suis sûr que je ne sais pas
I am sure I do not know
il dit que la cascade ressemble aux chutes du Niagara
it says the waterfall looks like Niagara Falls
Ce n'est pas une raison
That is not a reason
c'est simplement de l'égarement et de l'imbécillité
it is mere waywardness and imbecility
Je n'ai aucune chance de nommer quoi que ce soit moi-même
I get no chance to name anything myself
La nouvelle créature nomme tout ce qui se présente
The new creature names everything that comes along
Je n'ai même pas le temps de protester
I don't even get time to protest
Le même prétexte est toujours avancé
the same pretext is always offered
« Ça ressemble à la chose »
"it looks like the thing"
Il y a le dodo, par exemple

There is the dodo, for instance

Il dit qu'au moment où on le regarde, on voit que l'animal « ressemble à un dodo »

it says the moment one looks at it one sees the animal "looks like a dodo"

Il devra garder ce nom, sans doute

It will have to keep that name, no doubt

Cela me fatigue de m'en inquiéter

It wearies me to fret about it

Et ça ne sert à rien de s'en inquiéter, de toute façon

and it does no good to worry about it, anyway

Dodo! Cela ne ressemble pas plus à un dodo que moi

Dodo! It looks no more like a dodo than I do

MERCREDI - WEDNESDAY

Je me suis construit un abri contre la pluie

I built myself a shelter against the rain

mais je ne pouvais pas l'avoir pour moi en paix

but I could not have it to myself in peace

La nouvelle créature s'est immiscée

The new creature intruded

J'ai essayé de l'éteindre

I tried to put it out

mais il a jeté de l'eau par les trous avec lesquels il regarde

but it shed water out of the holes it looks with

Il a essuyé l'eau avec le dos de ses pattes

it wiped the water away with the back of its paws

Et ça faisait du bruit comme le font les animaux quand ils sont en détresse

and it made a noise like the animals do when they are in distress

J'aimerais qu'il ne parle pas

I wish it would not talk

il parle toujours

it is always talking

Cela ressemble à une aventure bon marché sur la pauvre

créature

That sounds like a cheap fling at the poor creature

mais je ne veux pas que cela sonne comme une insulte

but I do not mean it to sound like a slur

Je n'ai jamais entendu la voix humaine auparavant

I have never heard the human voice before

Pour moi, c'est un son nouveau et étrange

for me it is a new and strange sound

et ce son s'immisce dans le silence solennel de ces solitudes rêveuses

and this sound intrudes itself upon the solemn hush of these dreaming solitudes

Cela offense mon oreille et semble une fausse note

it offends my ear and seems a false note

Et ce nouveau son est si proche de moi

And this new sound is so close to me

C'est juste à mon épaule, juste à mon oreille

it is right at my shoulder, right at my ear

d'abord d'un côté, puis de l'autre

first on one side and then on the other

Je ne suis habitué qu'aux sons qui sont éloignés de moi

I am used only to sounds that are at a distance from me

VENDREDI - FRIDAY

Le nom continue imprudemment, malgré tout ce que je peux faire

The naming goes recklessly on, in spite of anything I can do

J'avais un très bon nom pour le domaine: Garden of Eden

I had a very good name for the estate: Garden of Eden

C'était musical et joli

it was musical and pretty

En privé, je continue de l'appeler ainsi

Privately, I continue to call it that

mais je ne l'appelle plus comme ça en public

but I don't call it that in public anymore

La nouvelle créature dit que ce ne sont que des bois, des rochers et des paysages

The new creature says it is all woods and rocks and scenery
Par conséquent, il n'a aucune ressemblance avec un jardin, dit-il
therefore it has no resemblance to a garden, it says
Il dit que ça ressemble à un parc
it says it looks like a park
Il dit qu'il ne ressemble à rien d'autre qu'à un parc
it says it does not look like anything but a park
Sans me consulter, il a décidé de renommer le jardin
without consulting me, it decided to rename the garden
maintenant il s'appelle Niagara Falls Park
now it's called Niagara falls park
ça devient trop pour moi
it is becoming too much for me
Et il y a déjà une inscription
And there is already a sign up
« Éloignez-vous de l'herbe »
"Keep off the grass"
Ma vie n'est plus aussi heureuse qu'elle l'était
My life is not as happy as it was

SAMEDI - SATURDAY
La nouvelle créature mange trop de fruits
The new creature eats too much fruit
Nous risquons de manquer de fruits assez bientôt
We may well run short of fruit quite soon
« nous », encore une fois. C'est l'un de ses mots
"we", again. That is one of its words
J'ai entendu le mot tellement de fois
I've heard the word so many times
Et maintenant c'est aussi un de mes mots
and now it's one of my words too
Il y a beaucoup de brouillard ce matin
There is a good deal of fog this morning
Je ne sors pas dans le brouillard
I do not go out in the fog

La nouvelle créature sort toujours dans le brouillard

The new creature always goes out in the fog

Il sort par tous les temps

It goes out in all weathers

Il trébuche dehors avec ses pieds boueux et parle

it stumps around outside with its muddy feet and talks

C'était si agréable et calme ici

It used to be so pleasant and quiet here

DIMANCHE - SUNDAY

Cette journée devient de plus en plus éprouvante

This day is getting to be more and more trying

En novembre dernier, nous avons fait de cette journée un jour de repos

last November we made this day a day of rest

J'avais déjà six jours de repos par semaine

I already had six days of rest per week

Ce matin, j'ai trouvé la nouvelle créature à l'arbre interdit

This morning I found the new creature at the forbidden tree

Il essayait de taper des pommes de cet arbre interdit

it was trying to clod apples out of that forbidden tree

LUNDI - MONDAY

La nouvelle créature dit que son nom est Eve

The new creature says its name is Eve

C'est très bien

That is all right

Je n'ai aucune objection à ce qu'elle s'appelle Eve

I have no objections to it being called Eve

il dit que je devrais appeler Eve quand je veux que ça vienne

it says I should call Eve when I want it to come

J'ai dit que ce serait superflu

I said that would be superfluous

Le mot m'a évidemment élevé à son égard.

The word evidently raised me in its respect

C'est en effet un grand et bon mot

it is indeed a large and good word
Ce mot vaudra la peine d'être répété
this word will be worth repeating
Il dit que ce n'est pas un « ça »
It says it is not an "it"
il dit que c'est un « Elle »
it says it is a "She"
C'est probablement douteux
This is probably doubtful
mais c'est la même chose pour moi
but it is all the same to me
Peu importe ce qu'elle est si elle ne parlait pas autant
whatever she is wouldn't matter if she didn't talk so much

MARDI - TUESDAY
Elle a jonché tout le domaine de noms exécrables et de signes offensants :
She has littered the whole estate with execrable names and offensive signs:
« Ce chemin vers le tourbillon »
"this way to the whirlpool"
« Cette façon de faire l'île de la Chèvre »
"this way to goat island"
« Grotte des vents de cette façon »
"cave of the winds this way"
Elle dit que ce parc ferait une station balnéaire bien rangée
She says this park would make a tidy summer resort
Mais les stations estivales ne sont pas du tout coutumières
but summer resorts are not at all customary
« Station balnéaire » - une autre de ses inventions
"Summer resort" - another invention of hers
juste des mots sans aucun sens
just words without any meaning
Qu'est-ce qu'une station d'été?
What is a summer resort?
Mais il est préférable de ne pas lui demander

But it is best not to ask her
Elle a tellement d'énergie pour expliquer
she has so much energy for explaining

VENDREDI - FRIDAY
Elle a pris l'habitude de me supplier d'arrêter de traverser les chutes
She has taken to beseeching me to stop going over the Falls
Quel mal cela fait-il?
What harm does it do?
Dit que ça la fait frissonner
Says it makes her shudder
Je me demande pourquoi ça la fait frissonner
I wonder why it makes her shudder
J'ai toujours sauté des cascades
I have always jumped down from the waterfalls
J'ai aimé le plongeon et l'excitation
I liked the plunge and the excitement
et j'ai aimé la fraîcheur de l'eau
and I liked the coolness of the water
J'ai supposé que c'était à cela que servaient les chutes
I supposed it was what the Falls were for
Ils n'ont pas d'autre utilisation que je peux voir
They have no other use that I can see
et ils doivent avoir été faits pour quelque chose
and they must have been made for something
Elle dit qu'ils n'ont été faits que pour le paysage
She says they were only made for scenery
Comme le rhinocéros et le mastodonte
like the rhinoceros and the mastodon
J'ai traversé les chutes dans un tonneau
I went over the Falls in a barrel
mais cela ne lui convenait pas.
but that was not satisfactory to her
Je suis allé au-dessus des chutes dans une baignoire
I Went over the falls in a tub

elle n'était toujours pas satisfaisante
it was still not satisfactory
J'ai nagé le Whirlpool et les rapides dans un costume en feuille de vigne
I swam the Whirlpool and the Rapids in a fig-leaf suit
Mon costume a été très endommagé
my suit got very damaged
J'ai donc dû écouter les plaintes fastidieuses concernant mon extravagance
so I had to listen to tedious complaints about my extravagance
Je suis trop gêné ici
I am too hampered here
Ce dont j'ai besoin, c'est de changer de décor
What I need is change of scenery

SAMEDI - SATURDAY

Je me suis échappé mardi soir dernier et j'ai voyagé deux jours
I escaped last Tuesday night and travelled two days
J'ai construit un autre abri dans un endroit isolé
I built another shelter in a secluded place
et j'ai effacé mes traces du mieux que j'ai pu
and I obliterated my tracks as well as I could
mais elle m'a chassé avec l'aide d'une de ses bêtes
but she hunted me out with the aid of one of her beasts
une bête qu'elle a apprivoisée et qu'elle appelle loup
a beast which she has tamed and calls a wolf
Elle est revenue en faisant ce bruit pitoyable
she came making that pitiful noise again
Et elle jetait cette eau des endroits où elle regarde.
and she was shedding that water out of the places she looks with
J'ai été obligé de revenir avec elle
I was obliged to return with her
mais j'émigrerai à nouveau, quand une occasion se présentera
but I will emigrate again, when an occasion presents itself

- 9 -

Elle s'engage dans beaucoup de choses stupides
She engages herself in many foolish things
Elle essaie de comprendre pourquoi les lions et les tigres mangent de l'herbe et des fleurs
she's trying to understand why the lions and tigers eat grass and flowers
Elle dit que leurs dents indiqueraient qu'ils étaient destinés à se manger l'un l'autre
she says their teeth would indicate that they were intended to eat each other
C'est une idée stupide
This is a foolish idea
Pour ce faire, ils devraient s'entretuer
to do that they would have to kill each other
si j'ai bien compris, cela introduirait ce qu'on appelle la « mort »
as I understand it that would introduce what is called "death"
et on m'a dit que la mort n'est pas encore entrée dans le parc
and I have been told that death has not yet entered the Park
à certains égards, c'est dommage
on some accounts that is a pity

DIMANCHE - reposé
SUNDAY - rested

LUNDI - MONDAY
Je crois que je vois à quoi sert la semaine
I believe I see what the week is for
c'est donner le temps de se reposer de la lassitude du dimanche
it is to give time to rest up from the weariness of Sunday
Cela semble une bonne idée
It seems a good idea

Elle a de nouveau grimpé à cet arbre
She has been climbing that tree again
Je l'ai cachée hors de là
I clodded her out of it
Elle a dit que personne ne regardait
She said nobody was looking
Elle semble considérer qu'une justification suffisante
she seems to consider that a sufficient justification
Mais ce n'est pas une justification pour changer une chose dangereuse
but it is no justification for chancing a dangerous thing
Je lui ai dit que ce n'était pas une justification pour ce qu'elle avait fait.
I told her it was no justification for what she did
Le mot « justification » a ému son admiration.
The word "justification" moved her admiration
elle semblait m'envier un peu, pensais-je
she seemed to envy me a little, I thought
C'est un bon mot
It is a good word
J'utiliserai le mot plus souvent
I shall use the word more often

JEUDI - THURSDAY
Elle m'a dit qu'elle était faite d'une de mes côtes
She told me she was made out of one of my ribs
Je doute un peu de ce qu'elle dit
I somewhat doubt what she says
Il ne semble pas me manquer une côte
I don't seem to be missing a rib
et je ne peux pas imaginer comment elle aurait été faite à partir de ma côte
and I can't imagine how she would have been made from my rib
Elle fait beaucoup de bruit à propos de la buse
She is making a great fuss about the buzzard

Elle dit que son estomac n'est pas d'accord avec l'herbe
she says his stomach does not agree with the grass
Elle a peur de ne pas pouvoir soulever la buse
she is afraid she can't raise the buzzard
Elle pense qu'il était destiné à vivre sur de la chair en décomposition
she thinks it was intended to live on decayed flesh
La buse doit s'entendre du mieux qu'elle peut avec ce qui est fourni
The buzzard must get along the best it can with what is provided
Nous ne pouvons pas renverser tout le projet pour accommoder la buse
We cannot overturn the whole scheme to accommodate the buzzard

SAMEDI - SATURDAY
Elle est tombée dans l'étang alors qu'elle se regardait dedans
She fell in the pond while she was looking at herself in it
Elle se regarde toujours
she is always looking at herself
Elle a failli être étranglée par l'eau
She was nearly strangled by the water
et elle a dit que c'était très inconfortable
and she said it was most uncomfortable
Cela l'a rendue désolée pour les créatures qui vivent dans l'eau
This made her sorry for the creatures which live in the water
les créatures qu'elle appelle poissons
the creatures which she calls fish
Elle continue d'attacher des noms sur des choses qui n'en ont pas besoin
she continues to fasten names on to things that don't need them
Ils ne viennent pas quand ils sont appelés par ces noms
the don't come when they are called by those names

Mais c'est une question sans conséquence pour elle
but this is a matter of no consequence to her
Elle est un crâne tellement engourdi
she is such a numbskull
Elle a sorti beaucoup de poissons de l'eau hier soir
she took a lot of the fish out of the water last night
Et puis elle les a amenés dans la maison
and then she brought them into the house
Elle les a mis dans mon lit pour qu'ils soient au chaud
she put them in my bed so they would be warm
Mais ils ne semblent pas plus heureux que là où ils étaient avant
but they don't seem any happier than where they were before
tout ce que je peux voir, c'est qu'ils sont plus silencieux
all I can see is that they are quieter
Quand la nuit viendra, je les jetterai à nouveau
When night comes I shall throw them out again
Je ne dormirai plus avec ces poissons dans mon lit
I will not sleep with these fish in my bed again
Je trouve allongé nu parmi eux moite et désagréable
I find lying unclothed among them clammy and unpleasant

DIMANCHE - reposé
SUNDAY - rested

MARDI - TUESDAY
Elle s'est liée d'amitié avec un serpent
She has made friends with a snake
Les autres animaux sont heureux qu'elle soit amie avec le serpent
The other animals are glad that she is friends with the snake
parce qu'elle expérimentait toujours avec les autres animaux
because she was always experimenting with the other animals
et elle dérangeait toujours les autres animaux
and she was always bothering the other animals
et je suis aussi heureux qu'elle soit amie avec le serpent

and I am also glad she is friends with the snake
Parce que le serpent parle
because the snake talks
Maintenant, elle passe plus de temps à parler avec le serpent au lieu de moi
now she spends more time talking with the snake instead of me
et cela me permet de me reposer
and this enables me to get a rest

VENDREDI - FRIDAY
Elle dit que le serpent lui conseille d'essayer le fruit de l'arbre défendu
She says the snake advises her to try the fruit of the forbidden tree
Et elle dit que le résultat sera une grande et belle et noble éducation
and she says the result will be a great and fine and noble education
Je lui ai dit qu'il y aurait aussi un autre résultat.
I told her there would be another result, too
Manger de l'arbre introduirait la mort dans le monde
eating from the tree would introduce death into the world
Lui dire que le fruit apporterait la mort dans le monde était une erreur
telling her the fruit would bring death into the world was a mistake
Il aurait été préférable de garder la remarque pour moi
it would have been better to keep the remark to myself
Lui parler de la mort lui a donné une autre idée
telling her about death gave her another idea
Elle pourrait sauver la buse malade
she could save the sick buzzard
et elle pouvait fournir de la viande fraîche aux lions et aux tigres découragés
and she could furnish fresh meat to the despondent lions and tigers

Je lui ai conseillé de rester loin de l'arbre
I advised her to keep away from the tree
Elle a dit qu'elle ne se tiendrait pas loin de l'arbre
She said she wouldn't keep away from the tree
Je prévois des problèmes et j'émigrerai
I foresee trouble and I will emigrate

MERCREDI - WEDNESDAY
J'ai vécu une période mouvementée depuis que je me suis échappé
I have had an eventful time since I escaped
Je me suis échappé la nuit où elle a mangé de l'arbre
I escaped on the night she ate from the tree
et j'ai monté à cheval toute la nuit aussi vite qu'il pouvait aller
and I rode a horse all night as fast as he could go
J'espérais sortir du parc et me cacher dans un autre pays
I hoped to get out of the park and hide in some other country
J'espérais m'en sortir avant que les ennuis ne commencent
I hoped I would get away before the trouble began
mais mes plans n'étaient pas d'être
but my plans were not to be
Environ une heure après le lever du soleil, je traversais une plaine fleurie
About an hour after sunup I was riding through a flowery plain
Des milliers d'animaux paissaient et dormaient
thousands of animals were grazing and slumbering
et les jeunes animaux jouaient les uns avec les autres
and the young animals were playing with each other
Tout à coup, ils ont éclaté dans une tempête de bruits effrayants
all of a sudden they broke into a tempest of frightful noises
et en un instant la plaine était dans une agitation frénétique
and in one moment the plain was in a frantic commotion
Chaque bête détruisait son voisin
every beast was destroying its neighbour

Je savais ce que cela signifiait; Eve avait mangé ce fruit

I knew what it meant; Eve had eaten that fruit

La mort était venue au monde

death had come into the world

Les tigres ont mangé mon cheval

The tigers ate my horse

ils n'ont pas prêté attention quand je leur ai ordonné de s'abstenir

they payed no attention when I ordered them to desist

ils m'auraient même mangé si j'étais resté

they would even have eaten me if I had stayed

J'ai trouvé cet endroit à l'extérieur du parc

I found this place outside the park

J'étais assez à l'aise pendant quelques jours

I was fairly comfortable for a few days

mais elle a trouvé ma cachette

but she has found my hiding place

et elle a nommé l'endroit Tonawanda

and she has named the place Tonawanda

elle dit que ça ressemble à Tonawanda

she says it looks like Tonawanda

En fait, je n'étais pas désolé qu'elle soit venue

In fact, I was not sorry she came

Il n'y a que de maigres cueillettes ici

there are but meagre pickings here

et elle a apporté quelques-unes de ces pommes

and she brought some of those apples

J'avais tellement faim que je les mangeais

I was so hungry that I to eat them

Manger ces pommes était contre mes principes

eating those apples was against my principles

mais je trouve que les principes n'ont pas de force réelle sauf quand on est bien nourri

but I find that principles have no real force except when one is well fed

Elle est venue rideau dans des branches et des bouquets de feuilles

She came curtained in boughs and bunches of leaves

Je lui ai demandé ce qu'elle voulait dire par de telles absurdités

I asked her what she meant by such nonsense

Je lui ai arraché les feuilles

I snatched the leaves from her

et a jeté ses couvertures sur le sol

and threw her coverings onto the ground

elle a titubé et rougi quand j'ai fait cela

she tittered and blushed when I did this

Je n'avais jamais vu une personne rougir et rougir auparavant

I had never seen a person titter and blush before

Sa manière semblait inconvenante et idiote

her manner seemed to be unbecoming and idiotic

mais elle a dit que je saurais bientôt ce que je ressentais

but she said I would soon know how it felt

En cela, elle avait raison

in this she was correct

J'ai fini par comprendre le sentiment de honte

I have come to understand the feeling of shame

Affamé comme j'étais, j'ai déposé la pomme à moitié mangée

Hungry as I was, I laid down the apple half eaten

c'était certainement la meilleure pomme que j'ai jamais vue

it was certainly the best apple I ever saw

C'était particulièrement bonne pomme, compte tenu de l'heure tardive de la saison

it was as especially good apple, considering the lateness of the season

et je me suis couvert des branches et des branches abandonnées

and I covered myself in the discarded boughs and branches

puis je lui ai parlé avec une certaine sévérité

then I spoke to her with some severity
Je lui ai ordonné d'aller chercher d'autres pommes
I ordered her to go and get some more apples
et je lui ai dit de ne pas faire un tel spectacle d'elle-même
and I told her not make such a spectacle of herself
Elle a fait ce que je lui ai dit
She did as I told her
Puis nous nous sommes glissés jusqu'à l'endroit où les bêtes sauvages se sont battues
then we crept down to where the wild beasts bad battled
et nous avons ramassé certaines de leurs fourrures
and we collected some of their furs
Je lui ai fait assembler quelques costumes appropriés pour les occasions publiques
I made her patch together a couple of suits proper for public occasions
Ils sont mal à l'aise, c'est vrai
They are uncomfortable, it is true
Mais ce vêtement que nous portons maintenant est élégant
but this clothing we now wear is stylish
Et c'est le point principal à propos des vêtements
and that is the main point about clothes

Je trouve qu'elle est une bonne compagne à avoir
I find she is a good companion to have
Je serais seul et déprimé sans elle
I would be lonesome and depressed without her
si je ne l'avais pas, je n'aurais personne
if I didn't have her I wouldn't have anyone
Mais elle dit qu'il est ordonné que nous travaillions pour gagner notre vie à partir de maintenant.
but she says it is ordered that we work for our living from now on
Elle sera utile pour répartir le travail
She will be useful in dividing up the work
Je superviserai le travail que nous faisons
I will superintend over the work we do

- Dix jours plus tard -
- Ten Days Later –

Elle m'accuse d'être la cause de notre désastre!

She accuses me of being the cause of our disaster!

Elle dit que le Serpent lui a assuré que le fruit défendu n'était pas des pommes

She says the Serpent assured her that the forbidden fruit was not apples

Et elle dit cela avec une sincérité et une vérité apparentes.

and she says this with apparent sincerity and truth

Elle dit que ce n'étaient pas des pommes, mais plutôt des châtaignes.

she says they weren't apples, but instead that they were chestnuts

J'ai dit que j'étais innocent puisque je n'avais pas mangé de châtaignes

I said I was innocent since I had not eaten any chestnuts

mais le Serpent l'informa que « châtaignier » pouvait aussi avoir un sens figuratif

but the Serpent informed her that "chestnut" could also have a figurative meaning

Elle dit qu'une châtaigne peut être une blague vieillie et moisie

she says a chestnut can be an aged and mouldy joke

Je suis devenu pâle à cette définition

I turned pale at this definition

parce que j'ai fait beaucoup de blagues pour passer le temps fatigué

because I have made many jokes to pass the weary time

Et certaines d'entre elles mes blagues auraient pu être de la variété châtaigne

and some of them my jokes could have been of the chestnut variety

mais j'avais honnêtement supposé que c'étaient de nouvelles blagues quand je les ai faites

but I had honestly supposed that they were new jokes when I made them

Elle m'a demandé si j'avais fait des blagues juste au moment de la catastrophe.

She asked me if I had made any jokes just at the time of the catastrophe

J'ai été obligé d'admettre que je m'étais fait une blague

I was obliged to admit that I had made a joke to myself

même si je n'ai pas fait la blague à haute voix

although I did not make the joke aloud

C'était la blague que je me disais :

this was the joke I was thinking to myself:

Je pensais aux cascades

I was thinking about the waterfalls

« Comme c'est merveilleux de voir ce vaste plan d'eau tomber là-bas! »

"How wonderful it is to see that vast body of water tumble down there!"

Puis, en un instant, une pensée brillante m'est venue à l'esprit.

Then in an instant a bright thought flashed into my head

« Ce serait beaucoup plus merveilleux de voir l'eau dégringoler dans la cascade! »

"It would be a great deal more wonderful to see the water tumble up the waterfall!"

J'étais sur le point de mourir de rire quand toute la nature s'est déchaînée

I was just about to die from laughing when all nature broke loose

et j'ai dû fuir pour sauver ma vie

and I had to flee for my life

« Maintenant tu vois » dit-elle triomphalement

"now you see" she said triumphantly

« le Serpent a mentionné cette plaisanterie même »

"the Serpent mentioned that very jest"

« il l'appelait le premier châtaignier »

"he called it the First Chestnut"
« Et il a dit que c'était contemporain de la création »
"and he said it was coeval with the creation"
Hélas, je suis en effet à blâmer
Alas, I am indeed to blame
J'aimerais ne pas être aussi spirituel
I wish that I were not so witty
J'aurais aimé ne jamais avoir eu cette pensée radieuse !
I wish that I had never had that radiant thought!

- L'année prochaine -
- Next Year –

Nous l'avons nommé Caïn
We have named it Cain
Elle l'a attrapé alors que j'étais en train de piéger dans la campagne sur la rive nord de l'Érié.
She caught it while I was up country trapping on the North Shore of the Erie
Elle l'a attrapé dans le bois à quelques kilomètres de notre pirogue
she caught it in the timber a couple of miles from our dug-out
ou cela aurait pu être quatre milles
or it might have been four miles
Elle n'est pas certaine de la distance parcourue
she isn't certain how far it was
Il nous ressemble à certains égards
It resembles us in some ways
Il peut même s'agir d'une relation avec nous
it may even be a relation to us
C'est ce qu'elle pense
That is what she thinks
Mais c'est une erreur, à mon avis
but this is an error, in my judgement
La différence de taille suggère qu'il s'agit d'un nouveau type d'animal
The difference in size suggests it is a new kind of animal
C'est peut-être un poisson
it is perhaps a fish
mais quand je l'ai mis à l'eau, il a coulé
though when I put it in the water it sank
et elle a plongé dedans et l'a arraché de l'eau
and she plunged in and snatched it out of the water
Il n'y avait donc aucune possibilité pour l'expérience de déterminer la question
so there was no opportunity for the experiment to determine

the matter

Je pense toujours que c'est un poisson

I still think it is a fish

mais elle est indifférente à ce que c'est

but she is indifferent about what it is

et elle ne me laissera pas l'avoir pour essayer

and she will not let me have it to try

Je ne comprends pas cela

I do not understand this

La venue de la créature semble avoir changé toute sa nature

The coming of the creature seems to have changed her whole nature

Cela l'a rendue déraisonnable à propos des expériences

it has made her unreasonable about experiments

Elle y pense plus qu'elle ne le fait de n'importe quel autre animal

She thinks more of it than she does of any of the other animals

Mais elle n'est pas capable d'expliquer pourquoi elle l'aime tant

but she is not able to explain why she likes it so much

Son esprit est désordonné

Her mind is disordered

Tout montre à quel point son esprit est désordonné

everything shows how disordered her mind is

Parfois, elle porte le poisson dans ses bras la moitié de la nuit.

Sometimes she carries the fish in her arms half the night

elle s'occupe du poisson quand il se plaint

she looks after the fish when it complains

Je pense qu'il se plaint parce qu'il veut aller à l'eau

I think it complains because it wants to get to the water

Dans ces moments-là, l'eau sort des endroits où elle regarde

At such times the water comes out of the places that she looks out of

et elle tapote le poisson sur le dos et fait des sons doux avec sa bouche

and she pats the fish on the back and makes soft sounds with
her mouth
Elle trahit le chagrin et la sollicitude de cent façons
she betrays sorrow and solicitude in a hundred ways
Je ne l'ai jamais vue faire comme ça avec d'autres poissons
I have never seen her do like this with any other fish
et ses actions envers le poisson me troublent beaucoup
and her actions towards the fish trouble me greatly
**Elle avait l'habitude de transporter les jeunes tigres comme
elle le fait avec les poissons.**
She used to carry the young tigers around like she does with
the fish
**Et elle a joué avec les Tigres avant que nous perdions nos
biens**
and she used play with the tigers before we lost our property
Mais avec les tigres, elle ne jouait qu'avec eux
but with the tigers she was only playing with them
**Elle ne s'inquiétait jamais pour eux quand leur dîner n'était
pas d'accord avec eux**
she never worried about them when their dinner disagreed
with them

DIMANCHE - SUNDAY
Elle ne travaille pas le dimanche
She doesn't work Sundays
mais elle est allongée toute fatiguée
but she lies around all tired out
et elle aime que le poisson se vautre sur elle
and she likes to have the fish wallow over her
Elle fait des bruits stupides pour amuser le poisson
she makes foolish noises to amuse the fish
et elle fait semblant de mâcher ses pattes
and she pretends to chew its paws
Le fait rire le poisson
the makes the fish laugh
Je n'ai jamais vu un poisson avant qui pourrait rire

I have not seen a fish before that could laugh
Cela me fait douter qu'il s'agisse vraiment d'un poisson
This makes me doubt whether it really is a fish
J'en suis venu à aimer dimanche moi-même
I have come to like Sunday myself
Surintendance toute la semaine fatigue un corps donc
Superintending all the week tires a body so
Il devrait y avoir plus de dimanches
There ought to be more Sundays
Autrefois, les dimanches étaient durs
In the old days Sundays were tough
mais maintenant les dimanches sont très pratiques à avoir
but now Sundays are very handy to have

MERCREDI - WEDNESDAY
Ce n'est pas un poisson
It isn't a fish
Je n'arrive pas à comprendre ce que c'est
I cannot quite make out what it is
Il fait des bruits curieux et diaboliques lorsqu'il n'est pas satisfait
It makes curious and devilish noises when not satisfied
et il dit « goo-goo » quand il est satisfait
and it says "goo-goo" when it is satisfied
Ce n'est pas l'un de nous, car il ne marche pas
It is not one of us, for it doesn't walk
Ce n'est pas un oiseau, car il ne vole pas
it is not a bird, for it doesn't fly
Ce n'est pas une grenouille, car elle ne saute pas
it is not a frog, for it doesn't hop
Ce n'est pas un serpent, car il ne rampe pas
it is not a snake, for it doesn't crawl
Je suis sûr que ce n'est pas un poisson
I feel sure it is not a fish
mais je ne peux pas avoir la chance de savoir s'il sait nager ou non

but I cannot get a chance to find out whether it can swim or not

Il est simplement allongé, principalement sur le dos, les pieds levés

It merely lies around, mostly on its back, with its feet up

Je n'ai jamais vu d'autre animal faire cela auparavant

I have not seen any other animal do that before

J'ai dit que je croyais que c'était une énigme

I said I believed it was an enigma

mais elle admirait seulement le mot sans le comprendre

but she only admired the word without understanding it

À mon avis, c'est soit une énigme, soit une sorte de bug.

In my judgement it is either an enigma or some kind of a bug

S'il meurt, je le démonterai et verrai quels sont ses arrangements.

If it dies, I will take it apart and see what its arrangements are

Je n'ai jamais eu une chose qui me rendait aussi perplexe

I never had a thing perplex me so much

Trois mois plus tard

Three Months Later

Cela ne fait que rendre plus perplexe, au lieu de moins

it is only getting more perplexing, instead of less

Je dors mais peu

I sleep but little

il a cessé de traîner

it has ceased from lying around

Il se déplace maintenant sur ses quatre pattes

it goes about on its four legs now

Pourtant, il diffère des autres animaux à quatre pattes

Yet it differs from the other four-legged animals

ses pattes avant sont inhabituellement courtes

its front legs are unusually short

Cela provoque la partie principale de son corps à coller inconfortablement haut

this causes the main part of its body to stick up uncomfortably

et ce n'est pas attrayant
and this is not attractive

Il est construit à peu près comme nous sommes
It is built much as we are

mais sa façon de voyager montre qu'il n'est pas de notre race
but its method of travelling shows that it is not of our breed

**Les pattes avant courtes et les longues pattes postérieures
indiquent qu'il est de la famille des kangourous**
The short front legs and long hind ones indicate that it is of the
kangaroo family

mais c'est une variation marquée de l'espèce
but it is a marked variation of the species

Le vrai houblon kangourou, mais celui-ci ne le fait jamais
the true kangaroo hops, but this one never does

Pourtant, c'est une variété curieuse et intéressante
Still, it is a curious and interesting variety

et il n'a pas été catalogué auparavant
and it has not been catalogued before

**Comme je l'ai découvert, je me sens justifié d'obtenir le
crédit de la découverte**
As I discovered it, I feel justified in securing the credit of the
discovery

et c'est moi qui y attacherai mon nom
and I shall be the one to attach my name to it

je l'ai donc appelé Kangaroorum Adamiensis
so I have called it Kangaroorum Adamiensis

Il devait être jeune quand il est venu
It must have been a young one when it came

parce qu'il a énormément grandi depuis qu'il est arrivé
because it has grown exceedingly since it came

**Il doit être cinq fois plus grand, aujourd'hui, qu'il ne l'était à
l'époque**
It must be five times as big, now, as it was then

Lorsqu'il est mécontent, il peut faire vingt-deux à trente-huit

fois le bruit qu'il a fait au début.
when discontented it can make twenty-two to thirty-eight times the noise it made at first

La coercition ne modifie pas cette
Coercion does not modify this

Au contraire, la coercition a l'effet contraire
if anything, coercion has the contrary effect

Pour cette raison, j'ai arrêté le système
For this reason I discontinued the system

Elle le réconcilie par la persuasion
She reconciles it by persuasion

et elle lui donne des choses qu'elle lui avait dit auparavant qu'elle ne lui donnerait pas
and she gives it things which she had previously told it she wouldn't give it

Comme je l'ai déjà observé, je n'étais pas à la maison quand il est arrivé
As already observed, I was not at home when it first came

Et elle m'a dit qu'elle l'avait trouvé dans les bois
and she told me she found it in the woods

Il semble étrange qu'il soit le seul
It seems odd that it should be the only one

pourtant il doit être le seul
yet it must be the only one

Je me suis épuisé à essayer d'en trouver un autre
I have worn myself out trying to find another one

si j'en avais un autre dans ma collection, je pourrais mieux l'étudier
if I had another one in my collection I could study it better

Et puis celui-ci aurait un de son genre pour jouer avec
and then this one would have one of its kind to play with

Sûrement, alors ce serait plus calme
surely, then it would be quieter

et puis nous pourrions l'apprivoiser plus facilement
and then we could tame it more easily

Mais je n'en trouve aucun, ni aucun vestige d'aucun

But I find none, nor any vestige of any

et le plus étrange de tous, je n'ai trouvé aucune trace

and strangest of all, I have found no tracks

Il doit vivre sur le sol

It has to live on the ground

il ne peut pas s'en empêcher

it cannot help itself

Par conséquent, comment se déplace-t-il sans laisser de trace?

therefore, how does it get about without leaving a track?

J'ai posé une douzaine de pièges

I have set a dozen traps

Mais les pièges ne servent à rien

but the traps do no good

J'attrape tous les petits animaux sauf celui-là

I catch all the small animals except that one

des animaux qui vont simplement dans le piège par curiosité

animals that merely go into the trap out of curiosity

Je pense qu'ils vont voir à quoi sert le lait

I think they go to see what the milk is there for

mais ils ne boivent jamais ce lait

but they never drink this milk

- Trois mois plus tard -
- Three Months Later –

Le kangourou continue de grandir
The kangaroo still continues to grow
Cette croissance continue est très étrange et déroutante
this continual growth is very strange and perplexing
Je n'ai jamais connu un animal pour passer autant de temps à grandir
I never knew any animal to spend so much time growing
Il a de la fourrure sur la tête maintenant, mais pas comme la fourrure de kangourou
It has fur on its head now, but not like kangaroo fur
C'est exactement comme nos cheveux, mais plus fins et plus doux
it's exactly like our hair, but finer and softer
et au lieu d'être noire, sa fourrure est rouge
and instead of being black its fur is red
Je suis comme perdre la tête à cause de ce monstre zoologique
I am like to lose my mind over this zoological freak
Les développements capricieux et harcelants sont inclassables
the capricious and harassing developments are unclassifiable
Si seulement je pouvais en attraper un autre
If only I could catch another one
Mais il est sans espoir d'essayer d'en trouver un autre
but it is hopeless trying to find another
Je dois accepter qu'il s'agit d'une nouvelle variété
I have to accept that it is a new variety
C'est le seul échantillon, c'est évident à voir
it is the only sample, this is plain to see
Mais j'ai attrapé un vrai kangourou et je l'ai apporté
But I caught a true kangaroo and brought it in
Je pensais que celui-ci pourrait être solitaire
I thought that this one might be lonesome

Donc, il pourrait préférer avoir un kangourou pour la compagnie
so it might prefer to have a kangaroo for company

sinon, il n'aurait aucun parent
otherwise it would have no kin at all

et il n'aurait pas d'animal dont il pourrait se rapprocher
and it would have no animal that it could feel a nearness to

De cette façon, il pourrait obtenir de la sympathie pour sa condition désespérée parmi les étrangers
this way it might get sympathy for its forlorn condition among strangers

des étrangers qui ne connaissent pas ses manières ou ses habitudes
strangers who do not know its ways or habits

des inconnus qui ne savent pas comment lui faire sentir que c'est entre amis
strangers who do not know how to make it feel that it is among friends

mais c'était une erreur
but it was a mistake

Il est entré dans des crises terribles à la vue du kangourou
it went into terrible fits at the sight of the kangaroo

Je suis convaincu qu'il n'avait jamais vu de kangourou auparavant
I am convinced it had never seen a kangaroo before

J'ai pitié du pauvre petit animal bruyant
I pity the poor noisy little animal

mais il n'y a rien que je puisse faire pour le rendre heureux
but there is nothing I can do to make it happy

J'aimerais l'apprivoiser, mais c'est hors de question
I would like to tame it, but that is out of the question

plus j'essaie, plus j'ai l'impression de m'en sortir
the more I try, the worse I seem to make it

Cela me fait de la peine de le voir dans ses petites tempêtes de tristesse et de passion
It grieves me to the heart to see it in its little storms of sorrow

and passion

Je voulais laisser tomber, mais elle ne voulait pas en entendre parler.

I wanted to let it go, but she wouldn't hear of it

Cela semblait cruel et ne lui ressemblait pas

That seemed cruel and not like her

Et pourtant, elle a peut-être raison

and yet she may be right

Il pourrait être plus solitaire que jamais

It might be lonelier than ever

si je ne peux pas en trouver un autre, comment pourrait-il ne pas être seul?

if I cannot find another one, how could it not be lonely?

- Cinq mois plus tard -
- Five Months Later –

Ce n'est pas un kangourou
It is not a kangaroo
tenant ses doigts il fait quelques pas sur ses pattes postérieures
holding her fingers it goes a few steps on its hind legs
et puis il tombe à nouveau
and then it falls down again
Il s'agit donc probablement d'une sorte d'ours
so it is probably some kind of a bear
Et pourtant, il n'a pas encore de queue
and yet it has no tail, as yet
et il n'a pas de fourrure, sauf sur la tête
and it has no fur, except on its head
Il continue de croître, ce qui est très intéressant
It still keeps on growing, which is very interesting
Les ours obtiennent leur croissance plus tôt que cela
bears get their growth earlier than this
Les ours sont dangereux depuis notre catastrophe
Bears are dangerous since our catastrophe
Bientôt, il devra avoir une muselière
soon it will have to have a muzzle on
sinon je ne me sentirai pas en sécurité autour de lui
otherwise I won't feel safe around it
J'ai proposé de lui acheter un kangourou si elle laissait partir celui-ci.
I have offered to get her a kangaroo if she would let this one go
mais elle n'a pas apprécié mon offre
but she did not appreciate my offer
Elle est déterminée à nous exposer à toutes sortes de risques insensés
she is determined to run us into all sorts of foolish risks
Elle n'était pas comme ça avant de perdre la tête
she was not like this before she lost her mind

- Quinze jours plus tard -
- A Fortnight Later –

J'ai examiné sa bouche
I examined its mouth
Il n'y a pas encore de danger; il n'a qu'une seule dent
There is no danger yet; it has only one tooth
Il n'a pas encore de queue
It has tail yet
Il fait plus de bruit maintenant qu'il ne l'a jamais fait auparavant
It makes more noise now than it ever did before
et il fait le bruit principalement la nuit
and it makes the noise mainly at night
J'ai déménagé
I have moved out
Mais j'irai le matin au petit déjeuner
But I shall go over in the mornings to breakfast
alors je verrai s'il a plus de dents
then I will see if it has more teeth
S'il a une bouchée de dents, il sera temps pour lui de partir.
If it gets a mouthful of teeth, it will be time for it to go
Je ne ferai pas d'exception s'il n'a pas de queue
I won't make an exception if it has no tail
Les ours n'ont pas besoin de queue pour être dangereux
bears do not need tails in order to be dangerous

- Quatre mois plus tard -
- Four Months Later –

Je suis parti à la chasse et à la pêche depuis un mois
I have been off hunting and fishing a month
dans la région qu'elle appelle Buffalo
up in the region that she calls Buffalo
Je ne sais pas pourquoi elle l'a appelé Buffalo
I don't know why she has called it Buffalo
C'est peut-être parce qu'il n'y a pas de buffles là-bas
it could be because there are not any buffaloes there
L'ours a appris à pagayer tout seul
the bear has learned to paddle around all by itself
Il peut marcher sur ses pattes postérieures
it can walk on its hind legs
Et il nous dit « papa » et « maman »
and it says "daddy" and "mummy" to us
C'est certainement une nouvelle espèce
It is certainly a new species
Cette ressemblance avec les mots peut être purement accidentelle, bien sûr
This resemblance to words may be purely accidental, of course
il se peut que ses mots n'aient aucun but ou sens
it may be that its words have no purpose or meaning
Mais même dans ce cas, ce serait toujours extraordinaire
but even in that case it would still be extraordinary
Utiliser des mots est quelque chose qu'aucun autre ours ne peut faire
using words is something which no other bear can do
Cette imitation de la parole indique suffisamment qu'il s'agit d'un nouveau type d'ours
This imitation of speech sufficiently indicates that this is a new kind of bear
Ajoutez à cela l'absence générale de fourrure
add to that the general absence of fur
et considérer l'absence totale de queue

and consider the entire absence of a tail

Une étude plus approfondie de celui-ci sera extrêmement intéressante

further study of it will be exceedingly interesting

En attendant, je partirai pour une expédition lointaine parmi les forêts du Nord

Meantime I will go off on a far expedition among the forests of the North

là je vais faire une recherche plus exhaustive

there I will make a more exhaustive search

Il doit certainement y en avoir un autre quelque part

There must certainly be another one somewhere

Celui-ci sera moins dangereux lorsqu'il aura compagnie de sa propre espèce

this one will be less dangerous when it has company of its own species

J'irai tout droit

I will go straightway

mais je vais museler celui-ci d'abord

but I will muzzle this one first

Cela a été une chasse fatiguée et lassante
It has been a weary, weary hunt
pourtant je n'ai eu aucun succès
yet I have had no success
pendant que j'étais parti, elle en a attrapé un autre!
while I was gone she caught another one!
et elle n'a même pas quitté le domaine
and she didn't even leave the estate
Je n'ai jamais vu une telle chance
I never saw such luck
J'aurais pu chasser ces bois cent ans sans en trouver un
I might have hunted these woods a hundred years without
finding one

Lendemain
Next Day
J'ai comparé le nouveau avec l'ancien
I have been comparing the new one with the old one
Il est parfaitement clair qu'il s'agit de la même race
it is perfectly plain that they are the same breed
J'allais en bourrer un pour ma collection
I was going to stuff one of them for my collection
**mais elle a des préjugés contre cela pour une raison
quelconque.**
but she is prejudiced against it for some reason
j'ai donc renoncé à l'idée
so I have relinquished the idea
mais je pense que c'est une erreur
but I think it is a mistake
**Ce serait une perte irréparable pour la science s'ils s'en
tiraient.**
It would be an irreparable loss to science if they should get
away

L'ancien est plus docile qu'il ne l'était

The old one is tamer than it was

Maintenant, il peut rire et parler comme le perroquet

now it can laugh and talk like the parrot

Je n'ai aucun doute qu'il a appris cela du perroquet

I have no doubt that it has learned this from the parrot

Je calcule qu'il a une grande quantité de la faculté imitative

I calculate it has a great amount of the imitative faculty

Je serais étonné s'il s'avérait qu'il s'agissait d'un nouveau type de perroquet

I shall be astonished if it turns out to be a new kind of parrot

et pourtant je ne devrais pas m'étonner

and yet I ought not to be astonished

Parce qu'il a déjà été tout ce à quoi il pouvait penser

because it has already been everything else it could think of

Le nouveau est aussi laid maintenant que l'ancien l'était au début

The new one is as ugly now as the old one was at first

Il a le même teint soufré

it has the same sulphur complexion

et il a la même tête singulière sans aucune fourrure

and it has the same singular head without any fur on it

Elle appelle le nouveau Abel

She calls the new one Abel

- Dix ans plus tard -

- Ten Years Later –

Ce sont des garçons; Nous l'avons découvert il y a longtemps

They are boys; we found it out long ago

C'est leur venue dans cette petite forme immature qui nous a intrigués

It was their coming in that small, immature shape that puzzled us

Nous n'étions pas habitués à ce que les animaux soient si petits pendant si longtemps

we were not used to animals being so small for so long

Il y a des filles maintenant

There are some girls now

Abel est un bon garçon

Abel is a good boy

mais si Caïn était resté un ours, cela l'aurait amélioré

but if Cain had stayed a bear it would have improved him

Après toutes ces années, je me rends compte que j'avais fait une erreur

After all these years I realize I had made a mistake

Je vois que je me suis d'abord trompé sur Eve

I see that I was initially mistaken about Eve

il vaut mieux vivre à l'extérieur du Jardin avec elle qu'à l'intérieur sans elle

it is better to live outside the Garden with her than inside it without her

Au début, je pensais qu'elle parlait trop

At first I thought she talked too much

mais maintenant je serais désolé que cette voix se taise

but now I should be sorry to have that voice fall silent

Je ne voudrais pas que cette voix disparaisse de ma vie

I wouldn't want that voice to pass out of my life

Béni soit le châtaignier qui nous a réunis

Blessed be the chestnut that brought us together
Cette châtaigne m'a appris à connaître la bonté de son cœur
this chestnut has taught me to know the goodness of her heart
Cette châtaigne m'a appris la douceur de son esprit!
this chestnut has taught me the sweetness of her spirit!

- Extraits du Journal d'Eve -
- Extracts from Eve's Diary –
Traduit de l'original, par Mark Twain
Translated from the Original, by Mark Twain

SAMEDI - SATURDAY
J'ai presque un jour entier, maintenant
I am almost a whole day old, now
Je suis arrivé hier
I arrived yesterday
C'est ce qu'il me semble.
That is as it seems to me
Et il doit en être ainsi
And it must be so

Peut-être y avait-il un avant-hier-avant-hier
perhaps there was a day-before-yesterday
mais je n'étais pas là quand c'est arrivé
but I was not there when it happened
si j'avais été là, je m'en souviendrais
if I had been there I would remember it
Il se pourrait, bien sûr, que cela se soit produit
It could be, of course, that it did happen
et il se pourrait que je ne le remarque pas
and it could be that I was not noticing
Très bien; Je serai très vigilant maintenant
Very well; I will be very watchful now
si un avant-hier se produit, je prendrai une note
if a day-before-yesterday happen I will make a note
Il sera préférable de bien commencer
It will be best to start right
Et il est préférable de ne pas laisser le disque s'embrouiller
and it's best not to let the record get confused
Je pense que ces détails vont être importants
I feel these details are going to be important
Mon instinct me dit ceci
my instincts are telling me this
Ils pourraient être importants pour les historiens un jour
they might be important to historians some day
Car je me sens comme une expérience
For I feel like an experiment
Je me sens exactement comme une expérience
I feel exactly like an experiment
**une personne ne peut pas se sentir plus comme une
expérience que moi**
a person can't feel more like an experiment than I do
Il serait impossible de se sentir plus comme une expérience
it would be impossible to feel more like an experiment
**et donc je commence à me sentir convaincu que c'est ce que
je suis**
and so I am coming to feel convinced that is what I am

Je suis une expérience
I am an experiment
juste une expérience et rien de plus
just an experiment and nothing more

Alors, si je suis une expérience, suis-je l'ensemble?
Then, if I am an experiment, am I the whole of it?
Non, je pense que je ne suis pas toute l'expérience
No, I think I am not the whole experiment
Je pense que le reste fait aussi partie de l'expérience.
I think the rest of it is part of the experiment too
Je suis la partie principale de l'expérience
I am the main part of the experiment

mais je pense que le reste a sa part dans la question
but I think the rest of it has its share in the matter
Ma position dans l'expérience est-elle assurée?
Is my position in the experiment assured?
ou dois-je surveiller ma position et m'en occuper?
or do I have to watch my position and take care of it?
Je pense que c'est la deuxième option, peut-être
I think it is the latter, perhaps
Un certain instinct me dit de garder mon rôle
Some instinct tells me guard my role
La vigilance éternelle est le prix de la suprématie
eternal vigilance is the price of supremacy
C'est une bonne phrase, je pense
That is a good phrase, I think
C'est particulièrement bon pour quelqu'un d'aussi jeune
it is especially good for someone so young

Tout semble mieux aujourd'hui qu'hier

Everything looks better today than it did yesterday

Il y avait eu une grande précipitation pour finir les montagnes

there had been a great rush of finishing up the mountains

Donc, les choses avaient été laissées dans un état de déchiquetage

so things had been left in a ragged condition

et les plaines ouvertes étaient si encombrées que

and the open plains were so cluttered that

Tous les aspects et proportions étaient assez pénibles

all the aspects and proportions were quite distressing

parce qu'ils avaient encore des ordures et des restes

because they still had rubbish and remnants

Les œuvres d'art nobles et belles ne doivent pas être précipitées

Noble and beautiful works of art should not be rushed

Et ce nouveau monde majestueux est bien une œuvre d'art

and this majestic new world is indeed a work of art

Je peux dire qu'il a été fait pour être noble et beau

I can tell it has been made to be noble and beautiful

et il est certainement merveilleusement proche d'être parfait

and it is certainly marvellously near to being perfect

malgré la brièveté du temps

notwithstanding the shortness of the time

Il y a trop d'étoiles à certains endroits

There are too many stars in some places

et il n'y a pas assez d'étoiles dans d'autres endroits

and there are not enough stars in other places

Mais cela peut être corrigé assez tôt, sans aucun doute

but that can be remedied soon enough, no doubt

La lune s'est détachée la nuit dernière et a glissé vers le bas

The moon got loose last night and slid down

il est sorti du régime

it fell out of the scheme

Ce fut une très grande perte

this was a very great loss
Ça me brise le cœur d'y penser
it breaks my heart to think of it
Parmi les ornements et les décorations, il est unique
among the ornaments and decorations it is unique
Rien n'est comparable pour la beauté et la finition
nothing is comparable to it for beauty and finish
Il aurait dû être mieux maintenu en place
It should have been held in place better
J'aimerais que nous puissions le récupérer
I wish we could get it back again

Mais on ne sait pas où il est allé
But there is no telling where it went to
Et d'ailleurs, celui qui l'obtiendra le cachera
And besides, whoever gets it will hide it
Je le sais parce que je le ferais moi-même
I know it because I would do it myself
Je crois que je peux être honnête dans tous les autres domaines
I believe I can be honest in all other matters
mais je commence déjà à réaliser quelque chose;
but I already begin to realize something;
Le cœur de ma nature est l'amour du beau
the core of my nature is love of the beautiful
J'ai une passion pour le beau
I have a passion for the beautiful
Il ne serait donc pas prudent de me faire confiance avec une lune
so it would not be safe to trust me with a moon
Je pourrais abandonner une lune que j'ai trouvée dans la journée
I could give up a moon that I found in the daytime
parce que j'aurais peur que quelqu'un regarde
because I would be afraid someone was looking
mais si je trouvais une lune dans l'obscurité, je la garderais
but if I found a moon in the dark I would keep it
Je suis sûr que je pourrais trouver une sorte d'excuse
I am sure I could find some kind of an excuse
Je trouverais un moyen de ne rien dire à ce sujet
I would find a way to not say anything about it
parce que j'aime les lunes
because I do love moons
Ils sont si jolis et si romantiques
they are so pretty and so romantic
J'aimerais en avoir cinq ou six
I wish we had five or six of them
Je n'irais jamais me coucher

I would never go to bed
Je ne me lasserais jamais allongé sur le banc de mousse
I would never get tired lying on the moss-bank
et je les regarderais toujours
and I would always be looking up at them

Les étoiles sont bonnes aussi.
Stars are good, too
J'aimerais pouvoir en mettre dans mes cheveux
I wish I could get some to put in my hair
Mais je suppose que je ne pourrai jamais faire ça
But I suppose I can never do that
C'est surprenant à quel point ils sont loin

it's surprising how far away they are
parce qu'ils n'ont pas l'air d'être loin
because they do not look like they're far away
Ils se sont montrés pour la première fois hier soir
they first showed themselves last night
J'ai essayé d'en abattre avec un poteau
I tried to knock some down with a pole
mais il n'a pas atteint, ce qui m'a étonné;
but it didn't reach, which astonished me;
puis j'ai essayé de leur lancer des mottes
then I tried throwing clods at them
J'ai essayé jusqu'à ce que je sois tout fatigué
I tried this till I was all tired out
mais je n'ai jamais réussi à en obtenir un
but I never managed to get one
Ce doit être parce que je suis gaucher
It must be because I am left-handed
à cause de cela, je ne peux pas lancer de bons
because of this I cannot throw good
même si j'ai fait quelques plans rapprochés
though I did make some close shots
J'ai vu la tache noire de la motte
I saw the black blot of the clod
Il a navigué au milieu des grappes d'or
it sailed right into the midst of the golden clusters
J'ai dû essayer quarante ou cinquante fois
I must have tried forty or fifty times
et je les ai manqués de peu
and I just barely missed them
peut-être aurais-je dû tenir un peu plus longtemps
perhaps I should have held out a little longer
et puis j'en aurais peut-être eu un
and then I might have got one

Alors j'ai pleuré un peu, ce qui était naturel
So I cried a little, which was natural
Je suppose que c'est naturel pour un de mon âge
I suppose it is natural for one of my age
et après m'être reposé, j'ai eu un panier
and after I was rested I got a basket
Je suis allé sur une colline à l'extrémité du cercle
I went to a hill on the extreme rim of the circle
Là, les étoiles devraient être plus proches du sol
there the stars should be closer to the ground
peut-être que si j'étais là, je pourrais les obtenir
perhaps if I was there I could get them

alors je pourrais les obtenir avec mes mains
then I could get them with my hands
Ce serait mieux de toute façon
this would be better anyway
parce qu'alors je pourrais les rassembler tendrement
because then I could gather them tenderly
et je ne les briserais pas
and I would not break them
Mais c'était plus loin que je ne le pensais
But it was farther than I thought
et enfin j'ai dû y renoncer
and at last I had to give it up
J'étais tellement fatigué de tous mes essais
I was so tired from all my trying
Je ne pouvais pas faire glisser mes pieds d'un pas de plus
I couldn't drag my feet another step
Et en plus, mes pieds étaient douloureux
and besides, my feet were sore
et mes pieds me font très mal
and my feet hurt me very much
Je n'ai pas pu rentrer chez moi
I couldn't get back home
Il était tard et il faisait froid
it was late, and turning cold
mais j'ai trouvé des tigres
but I found some tigers
et je me suis niché parmi eux
and I nestled in among them
et c'était adorablement confortable
and it was most adorably comfortable
et leur haleine était douce et agréable
and their breath was sweet and pleasant
parce qu'ils vivent d'un régime de fraises
because they live on a diet of strawberries
Je n'avais jamais vu de tigre auparavant
I had never seen a tiger before

mais j'ai su tout de suite par leurs rayures
but I knew straight away by their stripes
Si seulement je pouvais avoir une de ces peaux
If only I could have one of those skins
ça ferait une belle robe
it would make a lovely gown

Aujourd'hui, j'ai de meilleures idées sur les distances
Today I am getting better ideas about distances
J'avais tellement hâte de mettre la main sur toutes les jolies choses
I was so eager to get hold of every pretty thing
J'étais si impatient que je l'ai attrapé avec vertige

I was so eager that I giddily grabbed for it
parfois je l'attrapais quand c'était trop loin
sometimes I grabbed for it when it was too far away
et je l'ai attrapé quand il n'était qu'à six pouces de distance
and I grabbed for it when it was but six inches away
Je l'ai même attrapé quand il était entre les épines!
I even grabbed for it when it was between thorns!
J'ai appris une leçon et j'ai fait un axiome
I learned a lesson and I made an axiom
J'ai tout fait de ma propre tête
I made it all out of my own head
C'est mon tout premier
it is my very first one
L'EXPÉRIENCE RAYÉE FUIT L'ÉPINE
THE SCRATCHED EXPERIMENT SHUNS THE THORN
**Je pense que c'est un très bon axiome pour quelqu'un
d'aussi jeune**
I think it is a very good axiom for one so young

Hier après-midi, j'ai suivi l'autre expérience autour de
last afternoon I followed the other experiment around
J'ai gardé une distance, pour voir à quoi ça pourrait servir
I kept a distance, to see what it might be for
Mais je n'ai pas pu établir son utilisation
But I was not able to establish its use
Je pense que c'est un homme
I think it is a man
Je n'avais jamais vu un homme
I had never seen a man
mais il ressemblait à un homme
but it looked like a man
et je suis sûr que c'est de cela qu'il s'agit
and I feel sure that that is what it is
J'ai réalisé quelque chose d'étrange à propos de cet homme
I realized something strange about this man
Je ressens plus de curiosité à ce sujet que les autres reptiles

I feel more curiosity about it than the other reptiles
Je suppose que c'est un reptile
I'm assuming it is a reptile
ᴘarce qu'il a les cheveux froncés et les yeux bleus
because it has frowzy hair and blue eyes
et ça ressemble à un reptile
and it looks like a reptile
Il n'a pas de hanches et se rétrécit comme une carotte quand il se tient debout
It has no hips and tapers like a carrot when it stands
Il s'écarte comme un derrick
it spreads itself apart like a derrick
donc je pense que c'est un reptile
so I think it is a reptile
Bien qu'il puisse s'agir d'architecture
although it may be architecture

J'en avais peur au début
I was afraid of it at first
et j'ai commencé à courir chaque fois que ça tournait
and I started to run every time it turned around
parce que je pensais que ça allait me chasser
because I thought it was going to chase me
mais peu à peu, j'ai constaté qu'il essayait seulement de s'échapper
but by and by I found it was only trying to get away
donc après ça je n'étais plus timide
so after that I was not timid any more
mais j'ai suivi derrière lui d'une vingtaine de mètres
but I tracked behind it by about twenty yards
Je l'ai suivi pendant plusieurs heures
I tracked it for several hours
Cela le rendait nerveux et malheureux
this made it nervous and unhappy
Enfin, il était bien inquiet et grimpa à un arbre
At last it was a good deal worried, and climbed a tree
J'ai attendu un bon moment
I waited a good while
puis l'a abandonné et est rentré chez lui
then gave it up and went home

DIMANCHE - SUNDAY
Aujourd'hui, la même chose s'est produite
Today the same thing happened
Je l'ai fait remonter dans l'arbre
I got it up the tree again
C'est toujours là-haut
It is still up there
et il se repose, apparemment
and it is resting, apparently
Mais c'est un subterfuge
But that is a subterfuge
Le dimanche n'est pas le jour de repos
Sunday isn't the day of rest
Le samedi est désigné pour cela

Saturday is appointed for that
Cela me semble être une créature étrange
It looks to me like a strange creature
Il est plus intéressé par le repos que par autre chose
it is more interested in resting than in anything else
Cela me fatiguerait de me reposer autant
It would tire me to rest so much
Ça me fatigue juste de m'asseoir et de regarder l'arbre
It tires me just to sit around and watch the tree
Je me demande à quoi ça sert
I do wonder what it is for
Je ne le vois jamais faire quoi que ce soit
I never see it do anything

Ils sont revenus sur la lune la nuit dernière
They returned the moon last night
et j'étais TELLEMENT heureuse!
and I was SO happy!
Je pense que c'est très honnête de leur part.
I think it is very honest of them
Il a glissé vers le bas et est retombé
It slid down and fell off again
mais je n'étais pas angoissé
but I was not distressed
Il n'y a pas lieu de s'inquiéter
there is no need to worry
Quand on a des voisins si gentils, ils vont le récupérer
when one has such kind neighbours, they will fetch it back
J'aimerais pouvoir faire quelque chose pour montrer mon appréciation
I wish I could do something to show my appreciation
Je voudrais leur envoyer des étoiles
I would like to send them some stars
Parce que nous avons plus que ce que nous pouvons utiliser
because we have more than we can use
Je veux dire que c'est moi, pas nous
I do mean to say I, not we
Je peux voir que le reptile ne se soucie pas de telles choses
I can see that the reptile cares nothing for such things
Il a des goûts bas et ce n'est pas gentil
It has low tastes and it is not kind
J'y suis allé hier soir
I went there yesterday evening
le soir, il s'était glissé vers le bas
in the evening it had crept down
et il essayait d'attraper les petits poissons mouchetés
and it was trying to catch the little speckled fishes
Les petits poissons qui jouent dans la piscine
the little fishes that play in the pool
et j'ai dû le cloder

and I had to clod it
afin de le faire remonter l'arbre
in order to make it go up the tree again
et puis il les a laissés tranquilles
and then it left them alone
Je me demande si c'est à cela que ça sert.
I wonder if that is what it is for?
N'a-t-il pas de cœur?
Hasn't it any heart?
N'a-t-il pas eu de compassion pour la petite créature?
Hasn't it any compassion for the little creature?
A-t-il été conçu et fabriqué pour un travail aussi désagréable?
was it designed and manufactured for such ungentle work?
Il a l'air d'être fait pour des choses stupides
It has the look of being made for silly things
L'une des mottes a frappé l'arrière de son oreille
One of the clods hit the back of its ear
Et il a utilisé le langage, ce qui m'a donné un frisson
and it used language, which gave me a thrill
car c'était la première fois que j'entendais parler
for it was the first time I had ever heard speech
c'était le premier discours que j'ai entendu, sauf le mien
it was the first speech I heard except my own
Je n'ai pas compris les mots
I did not understand the words
mais les mots semblaient expressifs
but the words seemed expressive

Quand j'ai trouvé qu'il pouvait parler, j'ai ressenti un nouvel intérêt pour lui
When I found it could talk I felt a new interest in it
parce que j'aime parler plus que tout
because I love to talk more than anything
J'aime parler toute la journée
I like to talk all day
et dans mon sommeil je parle aussi
and in my sleep I talk too
et je suis très intéressant
and I am very interesting
mais si j'avais quelqu'un d'autre à qui parler, je pourrais être deux fois plus intéressant
but if I had another to talk to I could be twice as interesting
et je n'arrêterais jamais de parler
and I would never stop talking

Si ce reptile est un homme, ce n'est pas un ça, n'est-ce pas?
If this reptile is a man, it isn't an it, is it?
Ce ne serait pas grammatical, n'est-ce pas?
That wouldn't be grammatical, would it?
Je pense que ce serait lui
I think it would be he
Dans ce cas, on l'analyserait ainsi:
In that case one would parse it thus:
nominatif; il
nominative; he
datif; lui
dative; him
possessif; son
possessive; his
Eh bien, je le considérerai comme un homme
Well, I will consider it a man
et je l'appellerai lui jusqu'à ce qu'il s'avère être autre chose
and I will call it he until it turns out to be something else

Ce sera plus pratique que d'avoir tant d'incertitudes
This will be handier than having so many uncertainties

DIMANCHE DE LA SEMAINE PROCHAINE
NEXT WEEK SUNDAY

Toute la semaine, j'ai tagué après lui
All the week I tagged around after him

et j'ai essayé de faire connaissance avec lui
and I tried to get acquainted with him

Je devais parler parce qu'il était timide
I had to do the talking because he was shy

mais ça ne me dérangeait pas de parler
but I didn't mind talking

Il semblait heureux de m'avoir autour de moi
He seemed pleased to have me around

et j'ai beaucoup utilisé le « nous » sociable
and I used the sociable 'we' a good deal

parce que cela semblait le flatter d'être inclus
because it seemed to flatter him to be included

MERCREDI - WEDNESDAY

Nous nous entendons très bien maintenant
We are getting along very well now
et nous nous connaissons de mieux en mieux
and we're getting better and better acquainted
Il n'essaie plus de m'éviter, ce qui est bon signe
He does not try to avoid me any more, which is a good sign
Et cela montre qu'il aime m'avoir avec lui, ce qui me plaît
and it shows that he likes to have me with him, which pleases
me
et j'étudie pour lui être utile
and I study to be useful to him
Je veux être utile de toutes les manières possibles
I want to be useful in every way I can
afin d'accroître son estime pour moi
so as to increase his regard of me

Au cours des deux derniers jours
During the last day or two
J'ai enlevé tout le travail de nommer les choses de ses mains
I have taken all the work of naming things off his hands
Et cela a été un grand soulagement pour lui
and this has been a great relief to him
car il n'a aucun don dans ce domaine
for he has no gift in that line of work
Et il est évidemment très reconnaissant
and he is evidently very grateful
Il ne peut pas penser à un nom rationnel pour se sauver
He can't think of a rational name to save himself
mais je ne lui laisse pas voir que je suis conscient de son défaut
but I do not let him see that I am aware of his defect
Chaque fois qu'une nouvelle créature arrive, je la nomme
Whenever a new creature comes along I name it
avant qu'il n'ait le temps de s'exposer par un silence gênant
before he has time to expose himself by an awkward silence
De cette façon, je lui ai épargné beaucoup d'embarras
In this way I have saved him many embarrassments
Je n'ai pas de défaut comme celui-ci
I have no defect like this
Dès que je pose les yeux sur un animal, je sais ce que c'est
The minute I set eyes on an animal I know what it is
Je n'ai pas besoin de réfléchir, même un instant,
I don't have to reflect even for a moment
Le bon nom sort instantanément
the right name comes out instantly
comme s'il s'agissait d'une inspiration
just as if it were an inspiration
Je n'ai aucun doute que c'est
I have no doubt it is
parce que je suis sûr que ce n'était pas en moi une demi-minute avant
because I am sure it wasn't in me half a minute before

Il me semble connaître juste par la forme de la créature
I seem to know just by the shape of the creature
et je sais par la façon dont il agit de quel animal il s'agit
and I know from the way it acts what animal it is

Quand le dodo est arrivé, il a pensé que c'était un chat sauvage
When the dodo came along he thought it was a wildcat
Je l'ai vu dans ses yeux
I saw it in his eyes
Mais je l'ai sauvé de l'embarras
But I saved him from embarrassment
J'ai pris soin de ne pas le faire d'une manière qui pourrait

blesser son orgueil
I was careful not to do it in a way that could hurt his pride
J'ai juste parlé comme si j'étais agréablement surpris
I just spoke up as if pleasantly surprised
Je ne parlais pas comme si je rêvais de transmettre des informations
I didn't speak as if I was dreaming of conveying information
« Eh bien, je déclare, s'il n'y a pas le dodo! »
"Well, I do declare, if there isn't the dodo!"
J'ai expliqué sans avoir l'air d'expliquer
I explained without seeming to be explaining
J'ai expliqué comment je savais que c'était un dodo
I explained how I knew it was a dodo
Je pensais qu'il était peut-être un peu piqué
I thought maybe he was a little piqued
Je connaissais la créature quand il ne le connaissait pas
I knew the creature when he didn't
mais il était tout à fait évident qu'il m'admirait
but it was quite evident that he admired me
C'était très agréable
That was very agreeable
et j'y ai pensé plus d'une fois avec satisfaction avant de dormir
and I thought of it more than once with gratification before I slept
Comme une petite chose peut nous rendre heureux
How little a thing can make us happy
Nous sommes heureux quand nous sentons que nous l'avons mérité!
we're happy when we feel that we have earned it!

JEUDI - THURSDAY
Mon premier chagrin
my first sorrow
Hier, il m'a évité
Yesterday he avoided me
et il semblait souhaiter que je ne lui parle pas
and he seemed to wish I would not talk to him
Je n'arrivais pas à y croire
I could not believe it
et je pensais qu'il y avait une erreur
and I thought there was some mistake
parce que j'aimais être avec lui
because I loved to be with him
et aimait l'entendre parler

and loved to hear him talk

Et alors, comment se pourrait-il qu'il puisse se sentir méchant envers moi?

and so how could it be that he could feel unkind toward me?

Je n'avais rien fait de mal

I had not done anything wrong

Mais cela semblait vrai, alors je suis parti

But it seemed true, so I went away

et je me suis assis seul à l'endroit où je l'ai vu pour la première fois

and I sat lonely in the place where I first saw him

le matin où nous avons été faits

on the morning that we were made

quand je ne savais pas ce qu'il était

when I did not know what he was

quand j'étais encore indifférent à son sujet

when I was still indifferent about him

Mais maintenant, c'était un endroit triste

but now it was a mournful place

Et chaque petite chose parlait de lui

and every little thing spoke of him

et mon cœur était très douloureux

and my heart was very sore

Je ne savais pas vraiment pourquoi je me sentais comme ça

I did not really know why I was feeling like this

Parce que c'était un nouveau sentiment

because it was a new feeling

Je n'en avais jamais fait l'expérience auparavant

I had not experienced it before

Et tout cela était un mystère pour moi

and it was all a mystery to me

et je n'arrivais pas à le comprendre

and I could not make sense of it

Mais quand la nuit est venue, je ne pouvais pas supporter la solitude
But when night came I could not bear the lonesomeness
Je suis allé au nouvel abri qu'il avait construit
I went to the new shelter which he had built
Je suis allé lui demander ce que j'avais fait de mal
I went to ask him what I had done that was wrong
et je voulais savoir comment je pouvais le réparer
and I wanted to know how I could mend it
Je voulais retrouver sa gentillesse
I wanted to get back his kindness again
mais il m'a mis dehors sous la pluie
but he put me out in the rain
Et ce fut mon premier chagrin
and it was my first sorrow

DIMANCHE - SUNDAY
C'est agréable à nouveau et maintenant je suis heureux
It is pleasant again and now I am happy
Mais c'étaient des jours lourds
but those were heavy days
Je ne pense pas à ces jours où je peux l'aider
I do not think of those days when I can help it

J'ai essayé de lui procurer certaines de ces pommes
I tried to get him some of those apples
mais je ne peux pas apprendre à lancer droit
but I cannot learn to throw straight
J'ai échoué, mais je pense que la bonne intention lui a plu
I failed, but I think the good intention pleased him
Ils sont interdits
They are forbidden
et il dit que je ferais du mal si j'en mangeais un
and he says I would come to harm if I ate one
mais alors j'en viendrais à me faire du mal en lui faisant plaisir
but then I would come to harm through pleasing him
pourquoi devrais-je prendre soin de ce préjudice?
why should I care for that harm?

LUNDI - MONDAY
Ce matin, je lui ai dit mon nom
This morning I told him my name
J'espérais que cela l'intéresserait
I hoped it would interest him
Mais il ne s'en souciait pas, ce qui est étrange
But he did not care for it, which is strange
S'il devait me dire son nom, je m'en soucierais
If he should tell me his name I would care
Je pense que ce serait plus agréable à mes oreilles que n'importe quel autre son
I think it would be pleasanter in my ears than any other sound

Il parle très peu
He talks very little

C'est peut-être parce qu'il n'est pas brillant
Perhaps it is because he is not bright

Et peut-être est-il sensible à son intellect
and maybe he is sensitive about his intellect

Il se pourrait qu'il veuille le dissimuler
it could be that he wishes to conceal it

C'est tellement dommage qu'il se sente ainsi.
It is such a pity that he should feel this way

Parce que l'intelligence n'est rien
because intelligence is nothing

C'est dans le cœur que se trouvent les valeurs
it is in the heart that the values lie

J'aimerais pouvoir lui faire comprendre
I wish I could make him understand

Un bon cœur aimant est une richesse
a loving good heart is riches

L'intellect sans un bon cœur est la pauvreté
intellect without a good heart is poverty

Bien qu'il parle si peu, il a un vocabulaire assez considérable
Although he talks so little, he has quite a considerable vocabulary

Ce matin, il a utilisé un mot étonnamment bon
This morning he used a surprisingly good word

Il a évidemment reconnu que c'était un bon
He evidently recognized that it was a good one

parce qu'il s'est assuré d'utiliser le mot quelques fois de plus
because he made sure to use the word a couple more times

il a montré qu'il possède une certaine qualité de perception
it showed that he possesses a certain quality of perception

Sans aucun doute, la graine peut être faite pour pousser, si elle est cultivée
Without a doubt that seed can be made to grow, if cultivated

D'où lui vient ce mot?
Where did he get that word?
Je ne pense pas avoir jamais utilisé ce mot
I do not think I have ever used that word
Non, il ne s'intéressait pas à mon nom
No, he took no interest in my name
J'ai essayé de cacher ma déception
I tried to hide my disappointment
mais je suppose que je n'ai pas réussi
but I suppose I did not succeed

Je suis parti et je me suis assis sur le banc de mousse
I went away and sat on the moss-bank
et j'ai mis les pieds dans l'eau
and I put my feet into the water
C'est là que je vais quand j'ai faim de compagnie
It is where I go when I hunger for companionship
quand je veux que quelqu'un regarde
when I want someone to look at
quand je veux parler à quelqu'un

when I want someone to talk to
Le joli corps blanc peint dans la piscine ne suffit pas
the lovely white body painted in the pool is not enough
Mais c'est quelque chose, au moins
but it is something, at least
Et quelque chose vaut mieux que la solitude totale
and something is better than utter loneliness
Ça parle quand je parle
It talks when I talk
c'est triste quand je suis triste
it is sad when I am sad
Il me réconforte par sa sympathie
it comforts me with its sympathy
il dit: « Ne sois pas découragée, pauvre fille sans amie »
it says, "Do not be downhearted, you poor friendless girl"
« Je serai ton ami »
"I will be your friend"
C'est un bon ami pour moi
It is a good friend to me
C'est mon seul ami et ma sœur
it is my only friend and my sister

Je n'oublierai jamais la première fois qu'elle m'a abandonné!

I shall never forget first time she forsook me!

Mon cœur était lourd dans mon corps!

My heart was heavy in my body!

J'ai dit : « Elle était tout ce que j'avais. »

I said, "She was all I had"

« Et maintenant elle est partie! »

"and now she is gone!"

Dans mon désespoir, j'ai dit « Casse-toi, mon cœur »

In my despair I said "Break, my heart"

« Je ne peux plus supporter ma vie! »

"I cannot bear my life any more!"

et j'ai caché mon visage dans mes mains

and I hid my face in my hands

et il n'y avait pas de réconfort pour moi

and there was no solace for me

Et quand j'ai retiré mes mains de mon visage

And when I took my hands away from my face

Et après un peu, elle était de nouveau là

and after a little, there she was again

blanc et brillant et beau

white and shining and beautiful

et j'ai sauté dans ses bras

and I sprang into her arms

C'était le bonheur parfait
That was perfect happiness
J'avais connu le bonheur avant, mais ce n'était pas comme ça
I had known happiness before, but it was not like this
Ce bonheur était l'extase
this happiness was ecstasy
Je n'ai jamais douté d'elle par la suite
I never doubted her afterwards
Parfois, elle restait à l'écart pendant peut-être une heure
Sometimes she stayed away for perhaps an hour
Peut-être qu'elle était partie presque toute la journée
maybe she was gone almost the whole day
mais j'ai attendu et je n'ai pas douté de son retour
but I waited and I did not doubt her return

J'ai dit : « Elle est occupée » ou « Elle est partie en voyage »
I said, "She is busy" or "she is gone on a journey"
mais je sais qu'elle reviendra, et elle l'a toujours fait
but I know she will come back, and she always did
La nuit, elle ne viendrait pas s'il faisait sombre
At night she would not come if it was dark
parce qu'elle était une petite chose timide
because she was a timid little thing
mais s'il y avait une lune, elle viendrait
but if there was a moon she would come
Je n'ai pas peur du noir
I am not afraid of the dark
mais elle est plus jeune que moi
but she is younger than I am
elle est née après que j'ai été
she was born after I was
Nombreuses et nombreuses sont les visites que je lui ai rendues
Many and many are the visits I have paid her
Elle est mon réconfort et mon refuge quand ma vie est dure
she is my comfort and refuge when my life is hard
Et ma vie est principalement faite de moments difficiles
and my life is mainly made from hard moments

MARDI - TUESDAY

Toute la matinée, j'étais au travail pour améliorer le domaine

All the morning I was at work improving the estate

et je me suis volontairement tenu loin de lui

and I purposely kept away from him

dans l'espoir qu'il se sentirait seul et viendrait

in the hope that he would get lonely and come

Mais il n'est pas venu à moi

But he did not come to me

A midi je me suis arrêté pour la journée

At noon I stopped for the day

et j'ai pris ma récréation

and I took my recreation

J'ai volé avec les abeilles et les papillons

I flitted about with the bees and the butterflies

et je me suis délecté des fleurs

and I revelled in the flowers

ces belles petites créatures heureuses

those beautiful happy little creatures

ils attrapent le sourire de Dieu du ciel

they catch the smile of God out of the sky

et ils préservent le sourire!

and they preserve the smile!

Je les ai rassemblés et j'en ai fait des couronnes

I gathered them and made them into wreaths

et je me suis revêtu de fleurs

and I clothed myself in flowers

J'ai mangé mon déjeuner; Pommes

I ate my luncheon; apples

Bien sûr; puis je me suis assis à l'ombre

of course; then I sat in the shade

et j'ai souhaité et attendu

and I wished and waited

Mais il n'est pas venu

But he did not come

Mais ce n'est pas une perte
But it is of no loss
Rien n'en serait sorti
Nothing would have come of it
parce qu'il ne se soucie pas des fleurs
because he does not care for flowers
Il les a traités d'ordures
He called them rubbish
et il ne peut pas distinguer l'un de l'autre
and he cannot tell one from another
Et il pense que c'est supérieur de se sentir comme ça
and he thinks it is superior to feel like that
Il ne se soucie pas de moi, fleurs

He does not care for me, flowers
Il ne se soucie pas non plus du ciel peint le soir
nor does he care for the painted sky in the evening
Y a-t-il quelque chose dont il se soucie?
is there anything he does care for?
Il ne se soucie de rien d'autre que de construire des cabanes
he cares for nothing except building shacks
Il les construit pour s'enfermer
he builds them to coop himself up
Mais il est loin de la bonne pluie propre
but he's away from the good clean rain
et il ne goûte pas les fruits
and he does not sample the fruits

J'ai posé un bâton sec sur le sol
I laid a dry stick on the ground
et j'ai essayé de percer un trou avec un autre
and I tried to bore a hole in it with another one
afin de réaliser un stratagème que j'avais
in order to carry out a scheme that I had
et bientôt j'ai eu une peur terrible
and soon I got an awful fright
Une fine pellicule bleuâtre transparente est sortie du trou
A thin, transparent bluish film rose out of the hole
et j'ai tout laissé tomber et j'ai couru
and I dropped everything and ran
Je pensais que c'était un esprit
I thought it was a spirit
et j'avais tellement peur!
and I was so frightened!
Mais j'ai regardé en arrière et cela n'arrivait pas;
But I looked back and it was not coming;
alors je me suis appuyé contre un rocher
so I leaned against a rock
et je me suis reposé et haleté
and I rested and panted
et j'ai laissé mes membres continuer à trembler
and I let my limbs go on trembling
Finalement, ils étaient à nouveau stables
finally they were steady again
puis je me suis glissé prudemment en arrière
then I crept warily back
J'étais alerte, observant et prêt à voler
I was alert, watching, and ready to fly
Je courrais s'il y avait l'occasion
I would run if there was occasion
quand j'étais près j'ai séparé les branches d'un rosier
when I was near I parted the branches of a rose-bush
et j'ai jeté un coup d'œil à travers le rosier
and I peeped through the rose-bush

et j'aurais aimé que l'homme soit sur le point
and I wished the man was about
J'avais l'air si rusé et joli
I was looking so cunning and pretty
Mais l'esprit avait disparu
but the spirit was gone
Je suis allé là où était l'esprit
I went where the spirit was
Il y avait une pincée de poussière rose délicate dans le trou
there was a pinch of delicate pink dust in the hole
J'ai mis mon doigt dedans pour le sentir
I put my finger in to feel it
et j'ai dit « aïe! »
and I said "ouch!"
et je l'ai retiré à nouveau
and I took it out again
C'était une douleur cruelle
It was a cruel pain
J'ai mis mon doigt dans ma bouche
I put my finger in my mouth
Je me tenais sur un pied, puis sur l'autre, grognant
I stood on one foot and then the other, grunting
J'ai maintenant allégé ma misère
I presently eased my misery
puis j'étais plein d'intérêt et j'ai commencé à examiner
then I was full of interest and I began to examine

J'étais curieuse de savoir ce qu'était la poussière rose
I was curious to know what the pink dust was
Soudain, le nom m'est venu à l'esprit
Suddenly the name of it occurred to me
Je n'en avais jamais entendu parler auparavant
I had never heard of it before
mais je savais que c'était le FEU!
but I knew it was FIRE!
J'en étais aussi certain
I was as certain of it
aussi certain qu'une personne puisse être de n'importe quoi dans le monde
as certain as a person could be of anything in the world
Donc, sans hésitation, je l'ai nommé ainsi - feu
So without hesitation I named it that — fire

J'avais créé quelque chose qui n'existait pas avant
I had created something that didn't exist before
J'avais ajouté une nouvelle chose au monde
I had added a new thing to the world
Ce monde plein d'innombrables phénomènes
this world full of uncountable phenomena
Je m'en suis rendu compte et j'étais fier de ma réussite
I realized this and I was proud of my achievement
et allait courir le trouver
and was going to run and find him
Je voulais lui en parler
I wanted tell him about it
Je pensais que cela pourrait m'élever dans son estime

I thought it might raise myself in his esteem
mais j'y ai réfléchi
but I reflected on it
et je ne l'ai pas fait
and I did not do it
Non, il ne s'en soucierait pas
No, he would not care for it
Il demandait à quoi cela servait
He would ask what it was good for
et que pourrais-je répondre?
and what could I answer?
Ce n'était pas bon pour quelque chose, c'était simplement beau
it was not good for something, it was merely beautiful

Alors j'ai soupiré, et je n'y suis pas allé
So I sighed, and I did not go
Parce que ce n'était bon à rien
Because it wasn't good for anything
Il ne pouvait pas construire une cabane
it could not build a shack
Il n'a pas pu améliorer le melon
it could not improve melon
il ne pouvait pas précipiter une récolte fruitière
it could not hurry a fruit crop
C'était une vanité inutile et stupide
it was useless and foolish vanity
Il le mépriserait et dirait des mots tranchants
he would despise it and say cutting words
Mais pour moi, ce n'était pas méprisable
But to me it was not despicable
J'ai dit : « Oh, tu tires, je t'aime »
I said, "Oh, you fire, I love you"
« Espèce de délicate créature rose, tu es BELLE »
"you dainty pink creature, you are BEAUTIFUL"
« Et être belle suffit! »
"and being beautiful is enough!"
et j'allais le ramasser jusqu'à ma poitrine, mais je me suis abstenu
and I was going to gather it to my breast, but refrained
Puis j'ai pensé à une autre maxime
Then I thought of another maxim
C'était très similaire au premier
it was very similar to the first one
J'avais peur que ce soit un plagiat
I was afraid it was a plagiarism
« L'EXPÉRIENCE BRÛLÉE FUIT LE FEU »
"THE BURNT EXPERIMENT SHUNS THE FIRE"
J'ai répété mon expérience
I repeated my experiment
J'avais fait beaucoup de poussière de feu

I had made a good deal of fire-dust
et je l'ai vidé dans une poignée d'herbe brune sèche
and I emptied it into a handful of dry brown grass
J'avais l'intention de le ramener à la maison
I was intending to carry it home
et je voulais le garder et jouer avec
and I wanted to keep it and play with it
mais le vent l'a frappé et il a pulvérisé
but the wind struck it and it sprayed up
et il m'a craché dessus violemment
and it spat out at me fiercely
et je l'ai laissé tomber et j'ai couru
and I dropped it and ran
Quand j'ai regardé en arrière, l'esprit bleu s'élevait
When I looked back the blue spirit was towering up
Et il s'étirait et roulait comme un nuage
and it was stretching and rolling away like a cloud
eet instantanément, j'ai pensé au nom de celle-ci – la fumée!
and instantly I thought of the name of it —smoke!
**et sur ma parole, je n'avais jamais entendu parler de fumée
auparavant**
and upon my word, I had never heard of smoke before

Bientôt, des fusées éclairantes jaunes et rouges brillantes ont explosé

Soon brilliant yellow and red flares shot up

Ils ont jailli à travers la fumée

they shot up through the smoke

et je les ai nommés en un instant — flammes

and I named them in an instant — flames

et avait raison à ce sujet aussi

and was right about this too

Même s'il s'agissait des toutes premières flammes qu'il y ait jamais eues

even though these were the very first flames there had ever been

Ils ont grimpé aux arbres et ils ont brillé magnifiquement

They climbed the trees and they flashed splendidly

il y avait un volume croissant de fumée qui tombait

there was increasing volume of tumbling smoke

et les flammes dansaient dans et hors de la fumée

and the flames danced in and out of the smoke

et je devais taper dans mes mains, rire et danser

and I had to clap my hands and laugh and dance

C'était tellement nouveau et étrange

it was so new and strange

Et c'était tellement merveilleux et beau!

and it was so wonderful and beautiful!

Il est venu en courant, et il s'est arrêté et a regardé
He came running, and he stopped and gazed
Il n'a pas dit un mot pendant de nombreuses minutes
he said not a word for many minutes
Puis il a demandé ce que c'était.
Then he asked what it was
C'est dommage qu'il ait posé une question aussi directe
it a shame he asked such a direct question
Je devais y répondre, bien sûr, et je l'ai fait
I had to answer it, of course, and I did
si cela l'ennuyait, que pouvais-je faire?
if it annoyed him, what could I do?
ce n'est pas ma faute si je savais ce que c'était

it's not my fault that I knew what it was
J'ai dit que c'était le feu
I said it was fire
Je n'avais aucune envie de l'ennuyer
I had no desire to annoy him
Après une pause, il a demandé: « Comment est-ce arrivé? »
After a pause he asked: "How did it come?"
Cette question devait également avoir une réponse directe
this question also had to have a direct answer
« Je l'ai fait » ai-je répondu
"I made it" I answered
Le feu se déplaçait de plus en plus loin
The fire was travelling farther and farther away
Il est allé au bord de l'endroit brûlé
He went to the edge of the burned place
et il se tenait debout en le regardant
and he stood looking down at it
et il dit: « Qu'est-ce que c'est? »
and he said: "What are these?"
Je lui ai dit que c'étaient des charbons ardents
I told him they were fire-coals
Il en a pris un pour l'examiner
He picked up one to examine it
Mais il a changé d'avis et l'a reposé
but he changed his mind and put it down again
Puis il est parti
Then he went away
RIEN ne l'intéresse
NOTHING interests him

Mais j'étais intéressé
But I was interested
Il y avait des cendres, grises et douces et délicates et jolies
There were ashes, gray and soft and delicate and pretty
J'ai tout de suite su ce qu'ils étaient
I knew what they were straight away
Et les braises; Je connaissais aussi les braises
And the embers; I knew the embers, too
J'ai trouvé mes pommes et je les ai ratissées
I found my apples and I raked them out
et j'étais content parce que je suis très jeune
and I was glad because I am very young
donc mon appétit est toujours très actif

so my appetite is still very active
Mais j'ai été déçu par l'expérience
But I was disappointed by the experiment
Parce que toutes les pommes ont éclaté et se sont gâtées
because all the apples were burst open and spoiled
au moins, je pensais qu'ils étaient gâtés
at least, I thought they were spoiled
mais ils n'ont pas été réellement gâtés
but they were not actually spoiled
ils étaient meilleurs que les crus
they were better than raw ones
Le feu est beau et un jour il sera utile, je pense
Fire is beautiful and some day it will be useful, I think

VENDREDI - FRIDAY

Je l'ai revu, un instant

I saw him again, for a moment

lundi dernier à la tombée de la nuit, mais seulement pour un moment

last Monday at nightfall, but only for a moment

J'espérais qu'il me féliciterait d'essayer d'améliorer le domaine

I was hoping he would praise me for trying to improve the estate

parce que j'avais de bonnes intentions et que j'avais travaillé dur

because I had meant well and had worked hard

Mais il n'était pas content et il s'est détourné et m'a quitté

But he was not pleased and he turned away and left me

Il était également mécontent sur un autre compte

He was also displeased on another account

J'ai essayé de le persuader d'arrêter de passer par-dessus les chutes d'eau

I tried to persuade him to stop going over the water falls

Le feu m'avait révélé un nouveau sentiment

the fire had revealed to me a new feeling

Ce sentiment était tout à fait nouveau

this feeling was quite new

C'était nettement différent de l'amour ou du chagrin

it felt distinctly different from love or grief

et c'était différent des autres passions que j'avais découvertes

and it was different from the other passions I had discovered

ce nouveau sentiment était la PEUR et c'est horrible!

this new feeling was FEAR and it is horrible!

J'aurais aimé ne jamais l'avoir découvert

I wish I had never discovered it

Cela me donne des moments sombres et gâche mon bonheur

it gives me dark moments and spoils my happiness

Cela me fait frissonner, trembler et frissonner

it makes me shiver and tremble and shudder
Mais je n'ai pas pu le persuader
But I could not persuade him
Il n'a pas encore découvert la peur
he has not discovered fear yet
donc il ne pouvait pas me comprendre
so he could not understand me

Peut-être devrais-je me rappeler qu'elle est très jeune
Perhaps I ought to remember that she is very young
Elle n'est toujours qu'une simple fille
she is still but a mere girl
et je devrais faire des concessions
and I should make allowances
Elle est tout intérêt, empressement, vivacité
She is all interest, eagerness, vivacity

Elle trouve le monde infiniment charmant
she finds the world endlessly charming
un émerveillement, un mystère, une joie
a wonder, a mystery, a joy
**Elle ne peut pas parler de plaisir quand elle trouve une
nouvelle fleur**
she can't speak for delight when she finds a new flower
elle doit le caresser et le caresser
she must pet it and caress it
et elle doit le sentir et lui parler
and she has to smell it and talk to it
et elle y déverse des noms attachants
and she pours out endearing names upon it
Et elle est folle de couleur; roches brunes, sable jaune
And she is color-mad; brown rocks, yellow sand
mousse grise, feuillage vert, ciel bleu, la perle de l'aube
gray moss, green foliage, blue sky, the pearl of the dawn
Les ombres violettes sur les montagnes
the purple shadows on the mountains
**Les îles dorées flottant dans les mers pourpres au coucher du
soleil**
the golden islands floating in crimson seas at sunset
La lune pâle naviguant à travers le rack à nuages déchiqueté
the pallid moon sailing through the shredded cloud-rack
Les bijoux étoilés scintillant dans les déchets de l'espace
the star-jewels glittering in the wastes of space
Aucun de ces noms n'a de valeur pratique
none of these names are of any practical value
il n'y a aucune valeur en eux pour autant que je puisse voir
there's no value in them as far as I can see
mais ils ont de la couleur et de la majesté
but they have color and majesty
Et cela lui suffit
and that is enough for her
et elle perd la tête sur eux
and she loses her mind over them

Si seulement elle pouvait se calmer un peu
If only she could quiet down a little
J'aimerais qu'elle reste immobile quelques minutes à la fois
I wish she kept still a couple minutes at a time
Ce serait un spectacle reposant
it would be a reposeful spectacle
Dans ce cas, je pense que je pourrais aimer la regarder
In that case I think I could enjoy looking at her
en effet, je suis sûr que je pourrais profiter de sa compagnie
indeed, I am sure I could enjoy her company
Je commence à me rendre compte qu'elle est une créature
tout à fait remarquable.
I am coming to realize that she is a quite remarkable creature
lithe, mince, garni, arrondi
lithe, slender, trim, rounded
galbé, agile, gracieux
shapely, nimble, graceful
Et une fois elle était debout aussi blanche que du marbre
and once she was standing as white as marble
Elle était sur un rocher et trempée au soleil
she was on a boulder, and drenched in the sun
Elle se tenait debout avec sa jeune tête inclinée en arrière
she stood with her young head tilted back
et sa main ombrageait ses yeux
and her hand was shading her eyes
Elle regardait le vol d'un oiseau dans le ciel
she was watching the flight of a bird in the sky
J'ai reconnu qu'elle était belle
I recognized that she was beautiful

LUNDI MIDI - MONDAY NOON

Y a-t-il quelque chose qui ne l'intéresse pas?
Is there anything that she is not interested in?
S'il y a quelque chose, ce n'est pas dans ma liste
if there is something, it is not in my list
Il y a des animaux auxquels je suis indifférent
There are animals that I am indifferent to
mais ce n'est pas le cas avec elle
but it is not so with her
Elle n'a pas de discrimination
She has no discrimination
Elle prend à tous les animaux
she takes to all the animals
Elle pense qu'ils sont tous des trésors
she thinks they are all treasures
Chaque nouvel animal est le bienvenu
every new animal is welcome

Prenons l'exemple du puissant brontosaure
take the mighty brontosaurus as an example
Elle considérait cela comme une acquisition
she regarded it as an acquisition
Je considérais cela comme une calamité
I considered it a calamity
C'est un bon exemple du manque d'harmonie.
that is a good sample of the lack of harmony
un manque d'harmonie entre nos visions des choses
a lack of harmony between our views of things
Elle voulait le domestiquer
She wanted to domesticate it
Je voulais lui donner la maison et déménager
I wanted to give it the house and move out

Elle croyait qu'il pouvait être apprivoisé par un traitement bienveillant

She believed it could be tamed by kind treatment

et elle pensait que ce serait un bon animal de compagnie

and she thought it would be a good pet

J'ai essayé de la convaincre du contraire

I tried to convince her otherwise

Un animal de compagnie de vingt et un pieds de haut n'est pas quelque chose à avoir à la maison

a pet twenty-one feet high is no thing to have at home

Même avec les meilleures intentions, il pourrait s'asseoir sur la maison

even with the best intentions it could sit down on the house

Cela ne signifierait pas nécessairement un préjudice

it wouldn't have to mean any harm

mais il pourrait encore écraser la maison assez facilement

but it could still mash the house quite easily

car tout le monde pouvait voir qu'il était distrait

for anyone could see that it was absent-minded

parce qu'il avait un vide derrière les yeux

because it had an emptiness behind its eyes

Pourtant, son cœur était fixé sur le fait d'avoir ce monstre.

Still, her heart was set upon having that monster

Et elle ne pouvait pas l'abandonner

and she couldn't give it up

Elle pensait que nous pourrions commencer une laiterie avec

She thought we could start a dairy with it

Et elle voulait que je l'aide à le traire

and she wanted me to help milk it

mais je ne le trairais pas

but I wouldn't milk it

C'était trop risqué

it was too risky

Le sexe n'était pas bon pour la traite non plus

The sex wasn't right for milking either

et nous n'avions pas d'échelle de toute façon

and we didn't have a ladder anyway
Puis elle a voulu le monter
Then she wanted to ride it
Elle pensait avoir une meilleure vue du paysage
she thought she would get a better view of the scenery
Trente ou quarante pieds de sa queue gisaient sur le sol
Thirty or forty feet of its tail was lying on the ground
Il avait toute la taille d'un arbre tombé
it had all the size of a fallen tree
et elle pensait pouvoir l'escalader
and she thought she could climb it
mais elle s'est trompée
but she was mistaken
Quand elle est arrivée à l'endroit escarpé, c'était trop lisse
when she got to the steep place it was too slick
et elle est redescendue en glissant
and she came sliding back down
Elle se serait blessée si ce n'était pas pour moi
she would have hurt herself if it wasn't for me

Était-elle satisfaite maintenant? Non
Was she satisfied now? No
Rien ne la satisfait jamais que la démonstration
Nothing ever satisfies her but demonstration
Elle n'a pas gardé longtemps les théories non testées
she didn't keep theories untested for long
C'est le bon esprit, je le concède
It is the right spirit, I concede
c'est ce qui m'attire chez elle
it is what attracts me to her
J'en ressens l'influence
I feel the influence of it
si j'étais plus avec elle, je pense que je deviendrais plus aventureux
if I were with her more I think I would become more adventurous
Eh bien, il lui restait une théorie sur ce colosse
Well, she had one theory remaining about this colossus
Elle pensait que si nous pouvions l'apprivoiser, nous pourrions nous tenir dans la rivière
she thought that if we could tame it we could stand in the river
Si nous faisions de lui notre ami, nous pourrions l'utiliser comme un pont
if we made him our friend we could use him as a bridge
Il s'est avéré qu'il était déjà assez apprivoisé
It turned out that he was already plenty tame enough
Il était assez apprivoisé en ce qui la concernait
he was tame enough as far as she was concerned
Elle a donc essayé sa théorie, mais elle a échoué
so she tried her theory, but it failed
Elle l'a fait placer correctement dans la rivière
she got him properly placed in the river
et elle est allée à terre pour le traverser
and she went ashore to cross over him
Mais il est sorti et l'a suivie partout

but he came out and followed her around
Comme une montagne de compagnie
like a pet mountain
Comme les autres animaux
Like the other animals
Ils le font tous
They all do that

- Journal d'Eve -
- Eve's Diary –

Mardi, mercredi, jeudi et aujourd'hui :
Tuesday, Wednesday, Thursday, and today:
Je ne l'ai pas vu ces jours-ci
I didn't see him any of these days
C'est long d'être seul
It is a long time to be alone
Pourtant, il vaut mieux être seul que indésirable
still, it is better to be alone than unwelcome

VENDREDI - FRIDAY
Je devais avoir de la compagnie
I HAD to have company
J'étais fait pour avoir de la compagnie, je pense
I was made for having company, I think
alors je me suis lié d'amitié avec les animaux
so I made friends with the animals
Ils sont tellement charmants
They are just so charming
et ils ont la disposition la plus gentille
and they have the kindest disposition
et ils ont les moyens les plus polis
and they have the politest ways
Ils n'ont jamais l'air aigre et ne vous laissent jamais sentir que vous êtes intrusif
they never look sour or let you feel that you are intruding
Ils vous sourient et remuent la queue
they smile at you and wag their tail
Au moins, ils remuent leur histoire s'ils en ont un
at least, they wag their tale if they've got one
et ils sont toujours prêts pour une balade ou une excursion
and they are always ready for a romp or an excursion
Ils sont prêts à tout ce que vous voulez proposer
they're ready for anything you want to propose

Je pense que ce sont de parfaits gentlemen
I think they are perfect gentlemen
Tous ces jours, nous avons passé de si bons moments
All these days we have had such good times
Et ça n'a jamais été solitaire pour moi
and it hasn't been lonesome for me, ever

Solitaire! Non, je devrais dire non
Lonesome! No, I should say not
Il y en a toujours un essaim autour
there's always a swarm of them around
parfois jusqu'à quatre ou cinq acres
sometimes as much as four or five acres
Lorsque vous vous tenez sur un rocher, vous pouvez les voir à des kilomètres
when you stand on a rock you can see them for miles
Ils sont tachetés et éclaboussés et gais de couleur

they are mottled and splashed and gay with color
et il y a un éclat palpation et un éclair de soleil
and there's a frisking sheen and sun-flash
et le paysage est tellement ondulé de rayures
and the landscape is so rippled with stripes
Vous pourriez penser que c'était un lac
you might think it was a lake
Mais vous savez que ce n'est pas un lac du tout
but you know it isn't a lake at all
et il y a des tempêtes d'oiseaux sociables
and there are storms of sociable birds
et il y a des ouragans d'ailes tourbillonnantes
and there are hurricanes of whirring wings
Et le soleil frappe toute cette agitation plumeuse
and the sun strikes all that feathery commotion
Vous pouvez voir une flambée de toutes les couleurs
auxquelles vous pouvez penser
you can see a blazing up of all the colors you can think of
suffisamment de couleurs pour mettre les yeux dehors
enough colours to put your eyes out

Nous avons fait de longues excursions
We have made long excursions
et j'ai vu une grande partie du monde
and I have seen a great deal of the world
Je pense que j'ai presque tout vu
I think I've seen almost all of it
Je dois être le premier voyageur
I must be first traveler
et je suis le seul voyageur
and I am the only traveller
Quand on est en marche, c'est un spectacle imposant
When we are on the march, it is an imposing sight
Il n'y a rien de tel nulle part
there's nothing like it anywhere
Pour plus de confort je monte un tigre ou un léopard
For comfort I ride a tiger or a leopard
parce qu'ils sont doux et ont le dos rond qui me va
because they are soft and have round backs that fit me
Et parce que ce sont de si jolis animaux
and because they are such pretty animals
mais pour de longues distances, ou pour des paysages, je monte l'éléphant
but for long distance, or for scenery, I ride the elephant
Il me hisse avec sa malle
He hoists me up with his trunk
mais je peux m'en sortir moi-même
but I can get off myself
Quand nous sommes prêts à camper, il s'assoit
when we are ready to camp he sits
et je glisse sur son dos
and I slide down off his back

Les oiseaux et les animaux sont tous amicaux les uns envers les autres
The birds and animals are all friendly to each other
et il n'y a pas de différends sur quoi que ce soit
and there are no disputes about anything
Ils parlent tous entre eux et à moi
They all talk with each other and to me
mais il doit s'agir d'une langue étrangère
but it must be a foreign language
parce que je ne peux pas distinguer un mot qu'ils disent
because I cannot make out a word they say
Pourtant, ils me comprennent souvent quand je réponds
yet they often understand me when I talk back
Le chien et l'éléphant me comprennent particulièrement bien

the dog and the elephant understand me particularly well
Ça me fait honte
It makes me ashamed
Cela montre qu'ils sont plus intelligents que moi
It shows that they are more intelligent than I am
mais je veux être l'expérience principale
but I want to be the main experiment
et j'ai l'intention d'être l'expérience principale
and I intend to be the main experiment
J'ai appris un certain nombre de choses
I have learned a number of things
et je suis éduqué, maintenant
and I am educated, now
mais je n'étais pas éduqué au début
but I wasn't educated at first
J'étais ignorant au début
I was ignorant at first
Au début, ça me vexait
At first it used to vex me
parce que je n'ai jamais été assez intelligent
because I was never smart enough
Je n'étais pas assez intelligent malgré tout ce que j'ai observé
I wasn't smart enough despite how much I observed
Je n'étais jamais là quand l'eau montait
I was never around when the water was running uphill
mais maintenant ça ne me dérange pas
but now I do not mind it
J'ai expérimenté et expérimenté
I have experimented and experimented
Je sais qu'il ne monte jamais, sauf dans le noir
I know it never runs uphill, except in the dark
Je sais qu'il monte quand il fait noir
I know it does run uphill when it is dark
Parce que la piscine ne s'assèche jamais
because the pool never goes dry
Il s'assécherait si l'eau ne revenait pas dans la nuit

it would dry up if the water didn't come back in the night
Il est préférable de prouver les choses par l'expérience réelle
It is best to prove things by actual experiment
si vous faites une expérience, alors vous SAVEZ
if you do an experiment then you KNOW
alors que si vous vous fiez à deviner, vous n'êtes jamais éduqué
whereas if you depend on guessing you never get educated

Penser aux choses ne suffit pas non plus
thinking about things is not enough either
Certaines choses que vous ne pouvez pas découvrir
Some things you CAN'T find out

Mais vous ne saurez jamais que vous ne pouvez pas en devinant et en supposant:

but you will never know you can't by guessing and supposing:

Non, il faut être patient et continuer à expérimenter

no, you have to be patient and go on experimenting

jusqu'à ce que vous découvriez que vous ne pouvez pas le savoir

until you find out that you can't find out

Et c'est délicieux de l'avoir de cette façon.

And it is delightful to have it that way

Cela rend le monde si intéressant

it makes the world so interesting

S'il n'y avait rien à découvrir, ce serait ennuyeux

If there wasn't anything to find out, it would be dull

Même ne pas le découvrir est tout aussi intéressant

Even not finding out is just as interesting

Parfois, ne pas découvrir est aussi intéressant que de découvrir

sometimes not finding out is as interesting as finding out

Le secret de l'eau était un trésor jusqu'à ce que je l'obtienne

The secret of the water was a treasure until I got it

Puis l'excitation a disparu

then the excitement all went away

et j'ai reconnu un sentiment de perte

and I recognized a sense of loss

Par expérience, je sais que le bois nage
By experiment I know that wood swims
Les feuilles sèches, les plumes et d'autres choses flottent aussi
dry leaves, feathers, and other things float too
Pour que vous puissiez savoir qu'un rocher peut nager
so you can know that a rock can swim
parce que vous avez recueilli des preuves cumulatives
because you've collected cumulative evidence
mais vous devez supporter de simplement le savoir
but you have to put up with simply knowing it
Parce qu'il n'y a aucun moyen de le prouver
because there isn't any way to prove it
Au moins jusqu'à présent, il n'y a aucun moyen de le prouver
at least up until now there's no way to prove it
Mais je trouverai un moyen
But I shall find a way
alors cette excitation disparaîtra

then that excitement will go
De telles choses me rendent triste
Such things make me sad
par et par je viendrai à tout savoir
by and by I will come to know everything
Et puis il n'y aura plus d'excitation
and then there won't be any more excitement
et j'aime tellement les excitations!
and I do love excitements so much!
L'autre nuit, je n'arrivais pas à dormir
The other night I couldn't sleep
J'y pensais tellement
I was thinking so much about it

Au début, je ne pouvais pas établir pour quoi j'étais faite

At first I couldn't establish what I was made for

mais maintenant je pense savoir pour quoi j'ai été fait

but now I think I know what I was made for

J'ai été fait pour découvrir les secrets de ce monde merveilleux

I was made to search out the secrets of this wonderful world

et je suis fait pour être heureux

and I am made to be happy

Je pense que le Donneur de tout cela pour l'avoir conçu

I think the Giver of it all for devising it

Je pense qu'il y a encore beaucoup de choses à apprendre

I think there are still many things to learn

et j'espère qu'il y aura toujours plus à apprendre

and I hope there will always be more to learn

en ne se pressant pas trop vite je pense qu'ils dureront des semaines et des semaines

by not hurrying too fast I think they will last weeks and weeks

J'espère qu'il me reste tant à découvrir

I hope I have so much left to discover

Lorsque vous lancez une plume, elle vogue dans les airs

When you cast up a feather it sails away on the air

et puis il disparaît de vue

and then it goes out of sight

Lorsque vous jetez une motte de terre, elle n'agit pas comme une plume

when you throw up a clod it doesn't act like a feather

Il descend, à chaque fois

It comes down, every time

Je l'ai essayé et essayé

I have tried it and tried it

Et il en est toujours ainsi

and it is always this way

Je me demande pourquoi c'est

I wonder why it is

Bien sûr, il ne descend pas

Of course it DOESN'T come down
mais pourquoi semble-t-il descendre?
but why does it SEEM to come down?
Je suppose que c'est une illusion d'optique
I suppose it is an optical illusion
Je veux dire, l'un d'eux est une illusion d'optique
I mean, one of them is an optical illusion
Je ne sais pas lequel est une illusion d'optique
I don't know which one is an optical illusion
C'est peut-être la plume, c'est peut-être la motte
It may be the feather, it may be the clod
Je ne peux pas prouver ce que c'est
I can't prove which it is
Je peux seulement démontrer que l'un ou l'autre est un faux
I can only demonstrate that one or the other is a fake
et je vous laisse faire votre choix
and I let you take your choice

En regardant, je sais que les étoiles ne vont pas durer
By watching, I know that the stars are not going to last
J'ai vu certains des meilleurs fondre
I have seen some of the best ones melt
et puis ils ont couru dans le ciel
and then they ran down the sky
Puisque l'on peut fondre, ils peuvent tous fondre
Since one can melt, they can all melt
Comme ils peuvent tous fondre, ils peuvent tous fondre la même nuit
since they can all melt, they can all melt the same night
Ce chagrin viendra, je le sais
That sorrow will come, I know it
Je veux m'asseoir tous les soirs et les regarder
I mean to sit up every night and look at them
tant que je peux rester éveillé
as long as I can keep awake
et j'imprimerai ces champs étincelants dans ma mémoire
and I will impress those sparkling fields on my memory
afin que je puisse, par ma fantaisie, restaurer ces belles myriades
so that I can by my fancy restore those lovely myriads
alors je peux les remettre dans le ciel noir, quand ils sont emportés
then I can put them back into the black sky, when they are taken away
et je peux les faire briller à nouveau
and I can make them sparkle again
et je peux les doubler par le flou de mes larmes
and I can double them by the blur of my tears

- Après la chute -
- After the Fall –

Quand je regarde en arrière, le jardin est un rêve pour moi
When I look back, the Garden is a dream to me
C'était beau, incroyablement beau, d'une beauté enchanteresse
It was beautiful, surpassingly beautiful, enchantingly beautiful
Et maintenant le jardin est perdu
and now the garden is lost
et je ne le verrai plus
and I shall not see it any more

Le jardin est perdu, mais je l'ai retrouvé
The Garden is lost, but I have found him
et je m'en contente
and I am content with that
Il m'aime du mieux qu'il peut
He loves me as well as he can
Je l'aime de toute la force de ma nature passionnée
I love him with all the strength of my passionate nature
et c'est propre à ma jeunesse et à mon sexe, je pense
and this is proper to my youth and sex, I think
Si je me demande pourquoi je l'aime, je trouve que je ne sais pas
If I ask myself why I love him, I find I do not know
et je ne me soucie pas vraiment de savoir
and I do not really care to know
donc je suppose que ce genre d'amour n'est pas un produit du raisonnement
so I suppose this kind of love is not a product of reasoning
Cet amour n'a rien à voir avec les statistiques
this love has nothing to do with statistics
C'est différent de la façon dont on aime les animaux
it is different to the way one loves the animals
Je pense qu'il doit en être ainsi.
I think that this must be so
J'aime certains oiseaux à cause de leur chant
I love certain birds because of their song
mais je n'aime pas Adam à cause de son chant
but I do not love Adam on account of his singing
Non, ce n'est pas que
No, it is not that
plus il chante, plus je ne m'y réconcilie pas
the more he sings the more I do not get reconciled to it
Pourtant, je lui demande de chanter
Yet I ask him to sing
parce que je veux apprendre à aimer tout ce qui l'intéresse
because I wish to learn to like everything he is interested in

Je suis sûr que je peux apprendre
I am sure I can learn
parce qu'au début, je ne pouvais pas le supporter, mais maintenant je peux
because at first I could not stand it, but now I can
Cela aigre le lait, mais ce n'est pas grave
It sours the milk, but it doesn't matter
Je peux m'habituer à ce genre de lait
I can get used to that kind of milk

Ce n'est pas à cause de son éclat que je l'aime
It is not on account of his brightness that I love him
Non, ce n'est pas que
no, it is not that
Il n'est pas à blâmer pour son éclat
He is not to blame for his brightness
parce qu'il ne l'a pas fait lui-même
because he did not make it himself
il est comme Dieu l'a fait
he is as God made him
et c'est suffisant comme il est
and that is sufficient the way he is
Il y avait là un but sage, que je sais
There was a wise purpose in it, that I know
Avec le temps, l'objectif se développera
In time the purpose will develop
même si je pense que ce ne sera pas soudain
though I think it will not be sudden
Et en plus, il n'y a pas de hâte
and besides, there is no hurry
Il est assez bon comme il est
he is good enough just as he is
Ce n'est pas sa grâce pour laquelle je l'aime
It is not his grace for which I love him
et je ne l'aime pas pour sa nature délicate
and I do not love him for his delicate nature
Il ne serait pas non plus prévenant pour l'amour
he would not be considerate for love either
Non, il manque à ces égards
No, he is lacking in these regards
Mais il est assez bien comme il est
but he is well enough just as he is
et il s'améliore
and he is improving

Ce n'est pas à cause de son industrie que je l'aime
It is not on account of his industry that I love him
Non, ce n'est pas que
No, it is not that
Je pense qu'il l'a en lui
I think he has it in him
et je ne sais pas pourquoi il me le cache
and I do not know why he conceals it from me
C'est ma seule douleur
It is my only pain
Sinon, il est franc et ouvert avec moi, maintenant
Otherwise he is frank and open with me, now
Je suis sûr qu'il ne me cache rien d'autre que ceci
I am sure he keeps nothing from me but this

Cela me fait de la peine qu'il ait un secret de moi
It grieves me that he should have a secret from me
Et parfois ça me gâche le sommeil en y pensant
and sometimes it spoils my sleep thinking of it
mais je vais le mettre hors de mon esprit
but I will put it out of my mind
Cela ne troublera pas mon bonheur
it shall not trouble my happiness
Mon bonheur déborde déjà presque
my happiness is already almost overflowing
Ce n'est pas à cause de son éducation que je l'aime
It is not on account of his education that I love him
Non, ce n'est pas que
No, it is not that
Il est autodidacte
He is self-educated
Et il sait vraiment une multitude de choses
and he does really know a multitude of things
Ce n'est pas à cause de sa chevalerie que je l'aime
It is not on account of his chivalry that I love him
Non, ce n'est pas que
No, it is not that
Il me l'a dit, mais je ne lui en veux pas
He told on me, but I do not blame him
c'est une particularité du sexe, je pense
it is a peculiarity of sex, I think
et il n'a pas fait son sexe
and he did not make his sex
Bien sûr, je ne l'aurais pas dit à lui
Of course I would not have told on him
J'aurais péri avant de le lui dire
I would have perished before telling on him
Mais c'est aussi une particularité du sexe.
but that is a peculiarity of sex, too
et je ne m'en attribue pas le mérite
and I do not take credit for it

parce que je n'ai pas fait mon sexe
because I did not make my sex
Alors pourquoi est-ce que je l'aime?
Then why is it that I love him?
SIMPLEMENT PARCE QU'IL EST MASCULIN, je pense
MERELY BECAUSE HE IS MASCULINE, I think

Au fond, il est bon, et je l'aime pour ça
At bottom he is good, and I love him for that
mais je pouvais l'aimer sans qu'il soit bon
but I could love him without him being good
S'il me battait et me maltraitait, je pourrais continuer à
l'aimer
If he beat me and abused me I could go on loving him
Je sais que c'est comme ça
I know it is that way
C'est une question de sexe, je pense
It is a matter of my sex, I think
Il est fort et beau
He is strong and handsome
et je l'aime pour ça
and I love him for that
et je l'admire
and I admire him
et je suis fier de lui
and am proud of him
mais je pourrais l'aimer sans ces qualités
but I could love him without those qualities
S'il était simple, je l'aimerais toujours
If he were plain, I would still love him
s'il était une épave, je l'aimerais toujours
if he were a wreck, I would still love him
et je travaillerais pour lui
and I would work for him
et je l'asservis
and I would slave over him
et je prierais pour lui
and I would pray for him
et je regardais à son chevet jusqu'à ma mort
and I would watch by his bedside until I died

Oui, je pense que je l'aime simplement parce qu'il est à MOI
Yes, I think I love him merely because he is MINE
et je l'aime parce qu'il est MASCULIN
and I love him because he is MASCULINE
Il n'y a pas d'autre raison, je suppose
There is no other reason, I suppose
Et donc je pense que c'est comme je l'ai dit d'abord
And so I think it is as I first said
**Ce genre d'amour n'est pas le produit du raisonnement et
des statistiques**
this kind of love is not a product of reasoning and statistics
Ce genre d'amour vient tout seul
this kind of love just comes by itself
Personne ne sait quand cela viendra

No one knows when it will come
et l'amour ne peut pas s'expliquer
and love cannot explain itself
L'amour n'a pas besoin de s'expliquer
love doesn't need to explain itself
c'est ce que je pense, mais je ne suis qu'une fille
that is what I think, but I am only a girl
Je suis la première fille qui a examiné cette question
I am the first girl that has examined this matter
bien que, par inexpérience, je n'ai peut-être pas bien compris
although, out of inexperience, I may not have gotten it right

C'est ma prière, c'est mon désir ;
It is my prayer, it is my longing;
Je prie pour que nous quittions cette vie ensemble
I pray that we pass from this life together
Ce désir ne périra jamais de la terre
this longing shall never perish from the earth
mais il aura sa place dans le cœur de toute femme qui aime
but it shall have place in the heart of every wife that loves
jusqu'à la fin des temps
until the end of time
et il sera appelé par mon nom; Ève
and it shall be called by my name; Eve

Mais si l'un de nous doit partir en premier, c'est ma prière que ce soit moi

But if one of us must go first, it is my prayer that it shall be I

car il est fort, je suis faible

for he is strong, I am weak

Je ne suis pas aussi nécessaire à lui qu'il l'est à moi

I am not as necessary to him as he is to me

La vie sans lui ne serait pas la vie

life without him would not be life

comment pourrais-je le supporter?

how could I endure it?

Cette prière est aussi immortelle

This prayer is also immortal

Cette prière ne cessera pas d'être offerte tant que ma race continuera

this prayer will not cease from being offered up while my race continues

Je suis la première femme

I am the first wife

et dans la dernière épouse, je serai répété

and in the last wife I shall be repeated

- Sur la tombe d'Eve -
- At Eve's Grave –

ADAM : « Où qu'elle soit, il y avait Eden »
ADAM: "Wheresoever she was, there was Eden"

9 781835 661802